石原洋子の副菜

定番も新しい味も。
あるもので作れる
小さなごちそう

家の光協会

はじめに

毎日の食事作りの中で、何より大変なのは「献立を考えること」という方が多いそうです。中でも「副菜が思いつかない」悩みはみなさん共通のようで、私の料理教室の生徒さんはベテラン主婦が多いのですが、彼女たちからもそんなお話を聞きます。それではと思い立って、副菜の本を作ることにしました。

　この本では、副菜の定番と呼ばれる料理――おひたし、ごまあえ、きんぴら――をおいしく作る方法を丁寧にご紹介しています。これらは基本の作り方を覚えてしまえばいろいろな野菜で応用でき、一年中活躍してくれます。

　また、少なめの材料で手軽に作れるものを数多く紹介しています。素材が少なくても、相性のよい素材同士を組み合わせることでそれぞれのおいしさを引き立て合い、味つけ次第でおいしくなるものがたくさんあります。

　副菜は、献立を彩るものです。主菜はおなじみの料理だとしても、季節の野菜を使った副菜を添えるだけで食卓が華やぎます。また、肉や加工品などを使った少しボリュームのある副菜をいくつも覚えておくと、副菜だけで献立を作ることもできます。副菜ほど自由な料理はありません。

　献立作りがラクになるよう、各副菜に「組み合わせたい料理」例もご紹介しました。そこからヒントを得て、同じような味つけ、調理法を……と考えていくとよいと思います。

　この本がみなさんの食卓をおいしく、楽しく彩ってくれることを願っています。

石原洋子

副菜作り5つのコツ

1 主菜と味つけ、調理法、ボリュームを変える

副菜は主菜を引き立てるもの！と私は考えます。そのためには、まずは主菜と味つけが重ならないようにしましょう。たとえば、甘辛しょうゆのこってり味の主菜には塩味やフレンチドレッシングの副菜を、塩味の炒めものが主菜のときにはみそ味やオイスターソース味の副菜を合わせるというように。こうすると、味のバランスが

よくなって最後までおいしく食べられます。

次に調理法が主菜と重ならないようにします。主菜と副菜で調理法を変えると、段取りよく作ることができ、自然と味わいにも変化がつくんです。揚げものが主菜のときには火を使わないサラダやあえものを、主菜が炒めもののときには電子レンジ加熱の副菜などを合わせます。

最後に、料理のボリュームを考えます。主菜が肉料理などの重めのときは軽めの副菜を、主菜が焼き魚のようにボリュームがないときには、肉やたんぱく質の入った少しボリュームのある副菜を合わせます。もちろん、食べ盛りのお子さんがいるご家庭では、ボリュームのある主菜と副菜を組み合わせてもいいですし、軽めに食べたい日は主菜と副菜の両方ともボリュームのない料理にしてもいいと思います。

ボリュームのある副菜は主菜代わりにもなりますし、副菜同士をいくつか組み合わせて献立にすることもできます。この本では、各副菜に合わせると味や調理法のバランスがいい料理を〈組み合わせたい料理〉として明記しています。献立作りの参考にしてください。

2 素材1～2つで作る

副菜は野菜1～2つでできるものを基本にします。素材の数が少なければ、下ごしらえがラクチンで、パパッと作れます。とくに覚えておきたいのは、旬の野菜や常備できる素材を使った副菜。その季節ならではの野菜は、おいしくて栄養価が高く値段も手頃。私は旬の野菜を1～2種用意し、何かしら作ります。食卓に季節感を出したいからです。また、じゃがいもやにんじん、玉ねぎ、キャベツなどの常備しておける野菜や、乾物を使った副菜は、買い物に行けない日に便利です。

3 5～10分でできるものを基本にする

副菜は、切ってあえるだけ、電子レンジで加熱するだけ、パパッと炒めるだけなど、シンプルな調理法で短時間で作れるものが中心です。シンプル調理なら、少し手間のかかる主菜のときも作りやすく、何より素材本来のおいしさを楽しむことができます。

4 味や食感のアクセントになる食材を加える

塩昆布、ちりめんじゃこ、アンチョビーなどの味が出る素材やナッツなどのように食感のある素材も、副菜作りに役立ちます。うまみ素材を野菜に組み合わせれば、味が決まりやすく、だしを使う必要もありません。食感のあるものは料理のアクセントになり、味わいがグンと増しますよ。

5 同じ素材でも、切り方、調理法を変えてみる

同じ素材でも、料理に合わせて切り方を工夫してみましょう。食感や味わいが変化するだけでなく、味がなじみやすくなったり、煮くずれしにくくなります。また、同じ食材でいろいろな調理法を覚えておきたいもの。生で食べたときはシャキシャキ感がおいしさだった野菜が、加熱することで甘みが出てきたり、香ばしさが加わったり。違うおいしさを楽しむことができるんです。

目次

この本の使い方

- 〈組み合わせたい料理〉は、レシピを紹介している副菜と、献立にしたときに合う主菜や副菜です。献立作りの参考にしてください。
- 材料は2人分を基本にしています。
- 小さじ1＝5mℓ、大さじ1＝15mℓ、1カップ＝200mℓです。
- 野菜は特に記載のない場合は、洗う、皮をむくなどの下ごしらえをしてからの手順を説明しています。
- レシピ内の「塩」は精製されていない天日塩、「しょうゆ」は濃口しょうゆ、「小麦粉」は薄力粉です。
- 電子レンジは600Wのものを使用したときの加熱時間の目安です。500Wのときは加熱時間を1.2倍に、700Wの場合は0.8倍にしてください。
- 「だし」は昆布と削り節、煮干しなど、好みのものでとったものです。

第一章

作り続けたい定番副菜

副菜といえば！のほうれん草のおひたしやポテトサラダなど、おなじみの副菜を本当においしく作れる方法をご紹介します。コツをつかんだら、いつもの味がもっとおいしくなります。

たっぷりの湯で
強火でゆでる。
水にとらず、
ざるに広げて冷ます。
この2つでほうれん草を
おいしくゆでます。

ほうれん草のおひたし

ほうれん草

削り節

材料（2人分）
ほうれん草…1束（200g）
割りじょうゆ
─しょうゆ…小さじ2
─水…大さじ2
削り節…適量

作り方

1 材料の下ごしらえ

ほうれん草は根元に十文字の切り込みを入れ、ボウルに入れたたっぷりの水に5分ほどつける。茎の間にある泥を落としてきれいに洗い、4～5㎝長さに切って茎と葉先にざっと分ける。

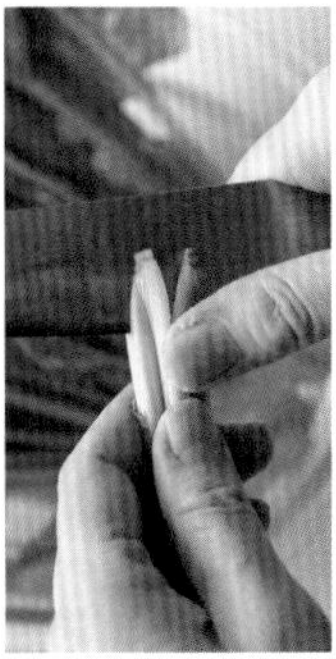

2 ゆでる

鍋にたっぷりの湯を沸かし、グラグラと煮立っている湯に茎の部分を入れ、一瞬おいて葉先を加える。ひと混ぜし、再び沸騰したらざるに上げて広げ、粗熱をとる（水っぽくなるので、水にとらずにざるに上げる＝丘上げにする。このほうが味が濃い）。

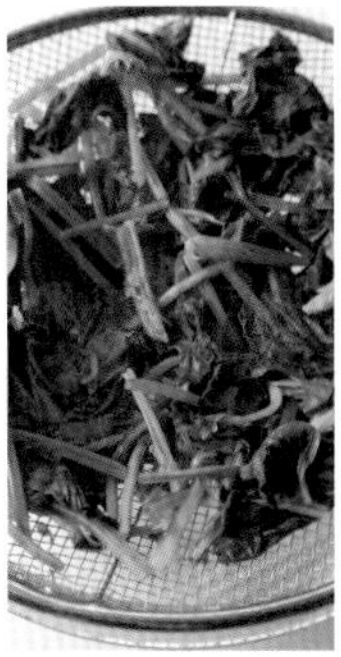

3 割りじょうゆを作る

小さいボウルに割りじょうゆのしょうゆ、水を入れて混ぜる。

4 あえる

2の水けを絞ってボウルに入れ、3を加えてあえる。器に盛り、削り節をのせる。

〈組み合わせたい料理〉
「鮭ソテーのおかずサラダ（フレンチドレッシング）」「鶏むね肉のマスタード焼き」

まず、
しょうゆと砂糖であえ、
ごまは上からふりかけて
ざっくりあえると
ごまがダマにならず、
全体にからみます。

いんげんのごまあえ

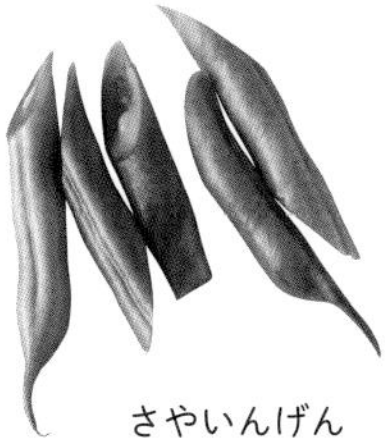

さやいんげん

材料（2人分）

さやいんげん…100g

あえ衣

白いりごま（または白すりごま）…大さじ1

しょうゆ…小さじ1

砂糖…小さじ$\frac{1}{2}$

作り方

1 いんげんを切る

いんげんはヘタを切り落とし、4cm長さの斜め切りにする。

2 ゆでる

鍋にたっぷりの湯を沸かして塩少々（分量外）を加え（しっかり下味をつける）、1を入れて3～4分ゆでる。やわらかくなったらざるにとり、流水で粗熱をとって（表面がパサつかないように）水けをよくきる。

3 ごまをいる

鍋にごまを入れて弱火にかけ、木べらで混ぜながら1～2分いる。すり鉢に移し、すりこぎで7割ほどする。すりごまの場合はそのままでよい。

4 あえる

ボウルに2を入れ、しょうゆ、砂糖を加えてあえ、3を加えてざっくりとあえる。

〈組み合わせたい料理〉

「塩麻婆豆腐」「豚バラ肉のきのこ巻きレンジ蒸し」

ごぼうはしんなりして
ツヤが出るまで
しっかり炒めます。
調味料を加えたら、
手早く汁けを煮飛ばして。

ごぼうと にんじんの きんぴら

ごぼう

にんじん

材料（2人分）

ごぼう…小1本（150g）
にんじん…1/3本
赤唐辛子（小口切り）…1本
A酒、みりん、しょうゆ…各大さじ1
―砂糖…小さじ1
ごま油…大さじ1

作り方

1 材料を切る

ごぼうは皮をタワシでよく洗い、5cm長さの細切りにし、水に5分さらして水けをきる。にんじんは5cm長さのごぼうよりひと回り太い細切りにする。

2 炒める

フライパンにごま油を熱し、赤唐辛子、ごぼうを入れて弱めの中火で4~5分炒め、しんなりしてツヤが出てきたらにんじんを加えて炒め合わせる。

3 調味する

全体に油が回ったら混ぜ合わせたAを加え、汁けがなくなるまで炒め煮にする。

〈組み合わせたい料理〉
「チキンソテー」「魚の塩焼き」
甘辛しょうゆ味の副菜には、塩味の主菜を合わせると味のバランスがよい。

落としぶたをして
少ない煮汁を
全体に回し、
味を煮含めます。

小松菜と油揚げの煮びたし

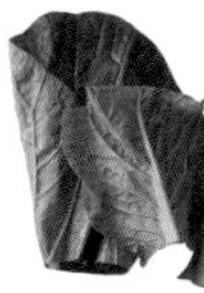

小松菜

油揚げ

材料（2人分）

小松菜…1束（200g）

油揚げ…1枚

煮汁

- だし（または水）…$\frac{1}{2}$カップ
- 酒、みりん、しょうゆ…各大さじ1

作り方

1 材料の下ごしらえ

小松菜は根元に十文字の切り込みを入れ、ボウルに入れたたっぷりの水に5分ほどつける。茎の間にある泥を落としてきれいに洗い、4～5㎝長さに切って茎と葉先にざっと分ける。油揚げは熱湯にさっと通して油抜きをし、縦半分に切って横2㎝幅に切る。

2 煮る

鍋に煮汁の材料を入れて中火にかけ、煮立ったら小松菜の茎、油揚げを入れ、落としぶたをして煮る。

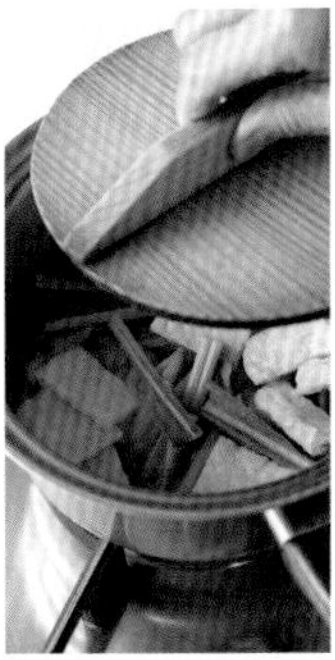

3 葉を加える

1分ほどしたら小松菜の葉を加え、再び落としぶたをして2～3分煮る。

〈組み合わせたい料理〉

「みそつくね」「手羽先のグリル焼き」

粉ふきにしたら、じゃがいもがホクホク！
ゆで上がりのアツアツに
下味をつけます。

ポテトサラダ

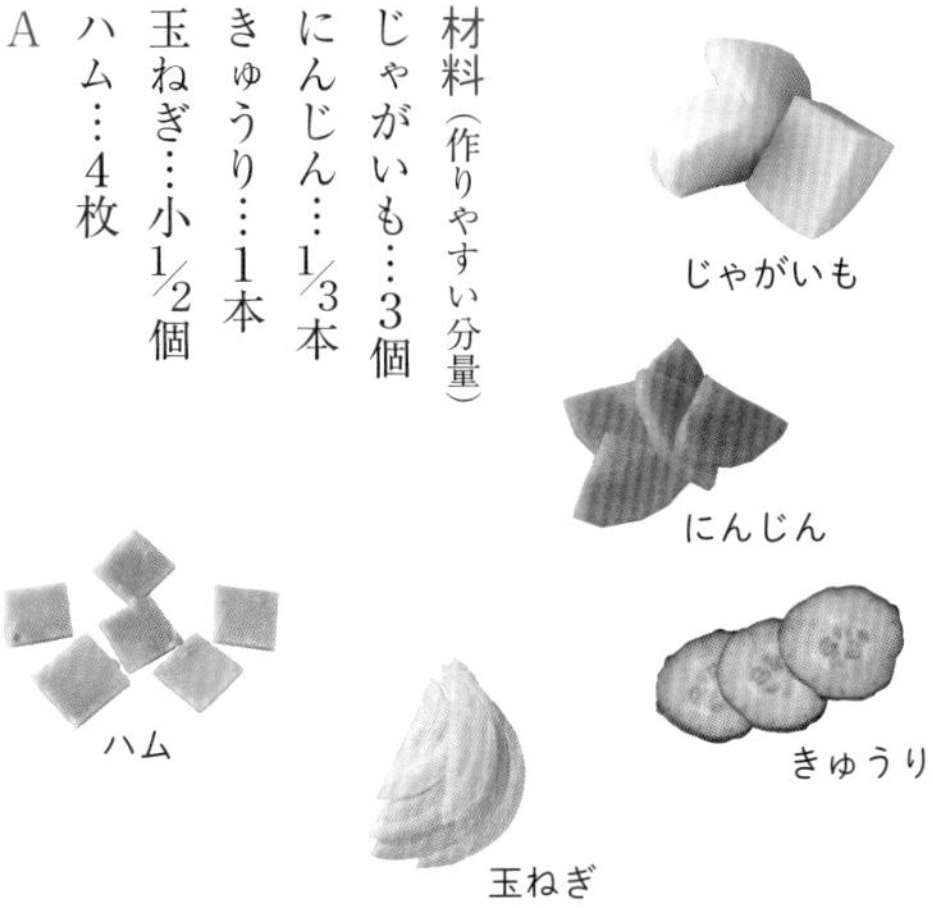

材料（作りやすい分量）
じゃがいも…3個
にんじん…1/3本
きゅうり…1本
玉ねぎ…小1/2個
ハム…4枚
A
　レモン汁…小さじ1
　塩…少々
マヨネーズ…大さじ5〜6
レモン汁…小さじ1
塩、こしょう…各少々

作り方

1 じゃがいもをゆでる

じゃがいもは3cm大に切り、にんじんは3mm厚さのいちょう切りにする。鍋に入れ、ひたひたに水を加え、ふたをして中火にかける。煮立ったらふたをずらしてのせ、弱めの中火で竹ぐしがスーッと通るまで10〜15分ゆでる。

2 他の材料を切る

きゅうりは2mm厚さの小口切りにし、塩少々(分量外)をふって5分ほどおき、しっかり絞る。玉ねぎは薄切りにして冷水に1〜2分つけ、2〜3回もみ、水けをしっかり絞る。ハムは1cm四方に切る。

3 水分を飛ばす

1の湯を捨て、中火にかけながら鍋を揺すって水分を飛ばし、粉ふきにする。じゃがいもをつぶしたい場合は木べらで粗くつぶす。

4 下味をつける

3をボウルに移し、Aをふり、さっと混ぜて粗熱をとる。

5 あえる

4に2のきゅうり、玉ねぎ、ハムを加え、マヨネーズであえる。味を見て、レモン汁、塩、こしょうで調味する。


〈組み合わせたい料理〉

「豚肉のしょうが焼き」「焼き肉」

しょうゆベースの濃い味がマッチ。

紫玉ねぎを加え、見た目にも美しく。
キャベツは軽めに水けを絞ります。

コールスロー

材料（2人分）
キャベツ…2枚
紫玉ねぎ…1/6個
フレンチドレッシング
- 塩…小さじ1/4
- こしょう…少々
- 酢…大さじ1/2
- サラダ油…大さじ1

作り方

1 材料を切る

キャベツはせん切りにし、紫玉ねぎは薄切りにする。共にボウルに入れ、塩小さじ1/4（分量外）をふってしんなりさせ、軽く水けを絞る。

2 ドレッシングを作る

ボウルにドレッシングの塩、こしょう、酢を入れてよく混ぜ、塩が溶けたらサラダ油を少しずつ加えてよく混ぜる。

3 あえる

2に1を加えてあえ、味をなじませる。

〈組み合わせたい料理〉
「ポークソテー マスタードソース」「ハヤシライス」

スライサーで表面に凹凸をつけると
ドレッシングがよくからみます。

キャロットラペ

にんじん

材料（2人分）
にんじん…1本
粒マスタードドレッシング
　粒マスタード…小さじ2
　塩…小さじ$\frac{1}{4}$
　こしょう…少々
　オリーブ油…大さじ1

作り方

1 材料を切る

にんじんはスライサーでせん切りにする。

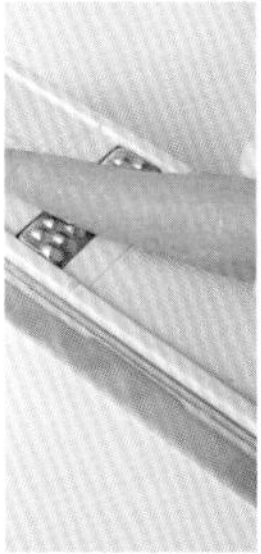

2 ドレッシングを作る

ボウルに粒マスタード、塩、こしょうを入れて混ぜ、塩が溶けたらオリーブ油を少しずつ加えてよく混ぜる。

3 あえる

2に1を加え、あえる。

〈組み合わせたい料理〉
「チキンのトマト煮」「鮭のクリームシチュー」

ラタトゥイユ

火が通りにくい野菜から順に炒め、ふたをして煮ます。そのままおき、冷ましながら味をなじませて。

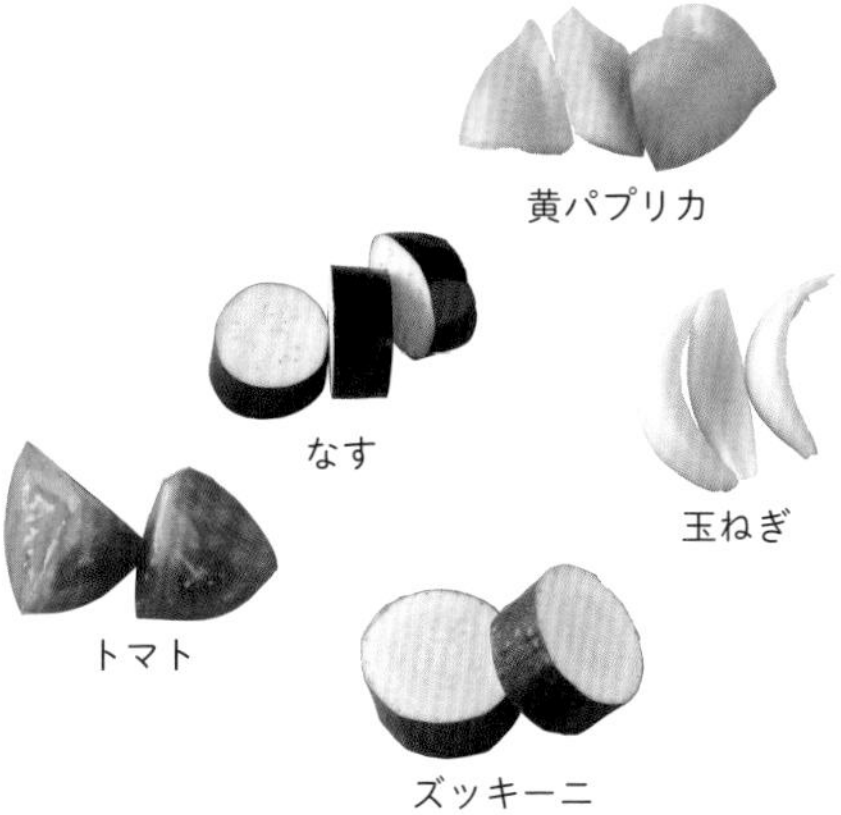

材料（作りやすい分量）

黄パプリカ…1個
玉ねぎ…1個
なす…3本
ズッキーニ…1本
トマト…3個
にんにく（つぶす）…小1かけ
塩…小さじ1 1/3
こしょう…少々
オリーブ油…大さじ2

作り方

1 材料を切る

黄パプリカは縦半分に切って種とヘタを取り除き、縦に4cm幅に切って長さを2〜3等分にする。玉ねぎは2cm幅のくし形に切る。なす、ズッキーニは2cm厚さの輪切りにする。トマトは6〜8等分のくし形切りにし、横半分に切る。

2 炒める

厚手の鍋にオリーブ油、にんにくを入れて弱火で炒め、香りが出たら玉ねぎを加えて2〜3分炒める。なす、ズッキーニ、パプリカを順に加え、その都度2〜3分ずつ炒め、トマトを加えてさっと炒める。

3 煮る

塩、こしょうで調味し、ふたをして弱火で30〜40分、ときどき混ぜながら煮る。野菜が完全にやわらかくなったら火を止め、そのままおいて味をなじませる。

〈組み合わせたい料理〉
「豚こまの黒こしょう焼き」「たらのチーズ焼き」

なすは皮目を下にして
高温の油に入れ、
かぼちゃは低温で
じっくり揚げるのがコツ。

野菜の揚げびたし

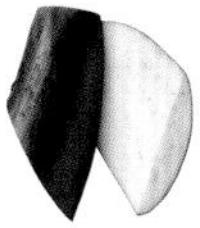

なす

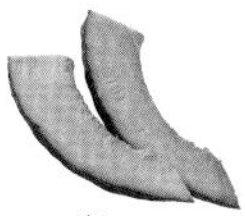

かぼちゃ

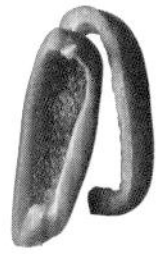

赤パプリカ

さやいんげん

材料（2人分）

なす…3本
かぼちゃ…150g（正味100g）
赤パプリカ…1/2個
さやいんげん…50g
ひたし地
　赤唐辛子（種を取って半分に切る）…1本
　酒、みりん、しょうゆ…各大さじ3
　砂糖…大さじ1/2
　だし…1/2カップ
揚げ油…適量

作り方

1 材料を切る

なすは縦半分に切り、斜め半分に切る。かぼちゃは種とワタを取り除き、皮つきのまま長さを半分にして7～8㎜厚さに切る。赤パプリカは種とヘタを取り除き、縦4等分に切る。いんげんはヘタを切り落とす。

2 ひたし地を作る

小さい耐熱容器に酒、みりんを入れ、ラップをかけずに電子レンジで2分加熱してアルコール分を飛ばし、残りの材料を加えて混ぜる。

3 揚げる

フライパンに揚げ油を2㎝高さに入れて180℃に熱し、なすはペーパータオルで表面の水分を拭いて皮目を下にして入れる。1分ほどしたら返し、竹ぐしがスーッと通るまで2～3分揚げる。パプリカを入れて2分ほど、いんげんを入れて1分ほど香ばしく揚げる。揚げ油の温度を160℃にし、かぼちゃを入れて2～3分揚げ、表面がカラッとして中がやわらかくなったら油から上げる。

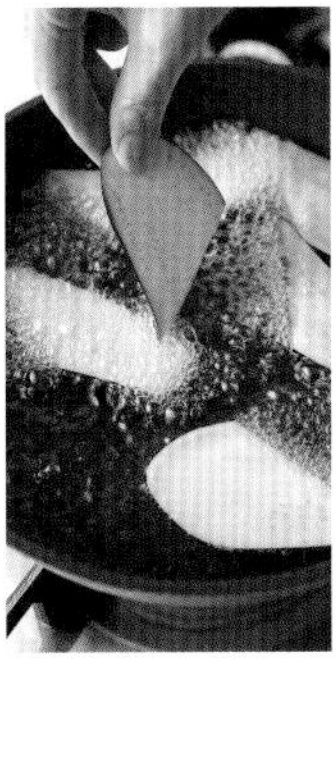

4 ひたし地につける

揚がった順にひたし地につける。器に盛り、ひたし地をかける。

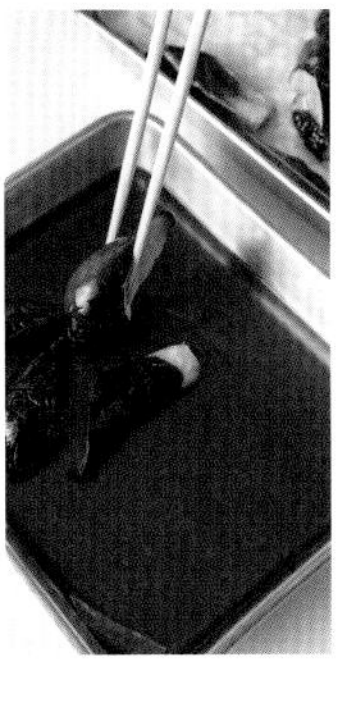

〈組み合わせたい料理〉
「豚しゃぶ（ごまだれ）」「刺身サラダ（フレンチドレッシング）」

ひじきは流水で洗って
汚れを落とします。
油で炒めて
コクを出したら、
煮汁がなくなるまで
炒め煮に。

ひじきの煮もの

ひじき

にんじん

油揚げ

材料（2人分）
ひじき（乾燥）…30g
油揚げ…1枚
にんじん…1/3本
煮汁
―酒、みりん、しょうゆ…各大さじ2
―砂糖…大さじ1/2
サラダ油…大さじ1

作り方

1 材料の下ごしらえ

ボウルにひじき、たっぷりの水を入れ、30～40分つけてもどす。ざるに上げ、流水で洗って汚れを取る。ざるの下からもペーパータオルを当ててしっかり水けをきる。油揚げは熱湯でさっとゆでて油抜きをし、縦半分に切って横細切りにする。にんじんは3～4cm長さの細切りにする。

2 炒める

フライパンにサラダ油を熱し、にんじんを入れて中火でさっと炒め、ひじき、油揚げを加えて炒め合わせる。

3 調味し、炒め煮にする

油が回ったら酒、みりん、しょうゆ、砂糖の順に加え、混ぜながら煮汁がほとんどなくなるまで炒め煮にする。

〈組み合わせたい料理〉
「さばのカレー塩焼き」「豚肉のソテーおろしポン酢」

練りごまに水きりした豆腐を少しずつ加えてあえ衣を作り、塩味をつけた野菜をさっくりあえます。

にんじんと絹さやの白あえ

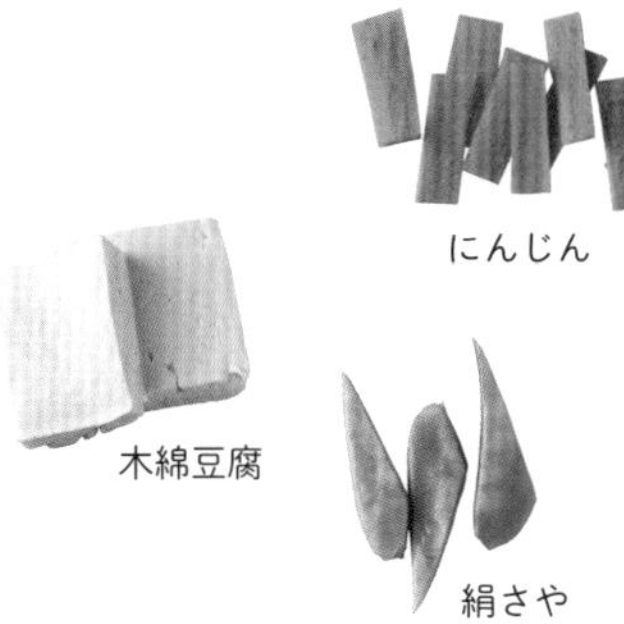

材料（2人分）

にんじん…小1本

絹さや…30g

白あえ衣

- 木綿豆腐…1/2丁（150g）
- 白練りごま…小さじ2
- 砂糖…大さじ1
- 塩…小さじ1/3
- しょうゆ…少々

作り方

1 豆腐の水きりをする

豆腐は厚みを半分に切り、ペーパータオルで包んで10分ほど水きりをする。

2 材料の下ごしらえ

にんじんは3～4㎝長さの短冊切り、絹さやはヘタと筋を取って斜め半分に切る。鍋に水2カップを入れて沸かし、塩小さじ1（分量外、野菜にしっかり味をつける）を加える。にんじんを入れ、2分ほどしたら絹さやを入れてさっとゆでる。共にざるに上げ、粗熱をとる。

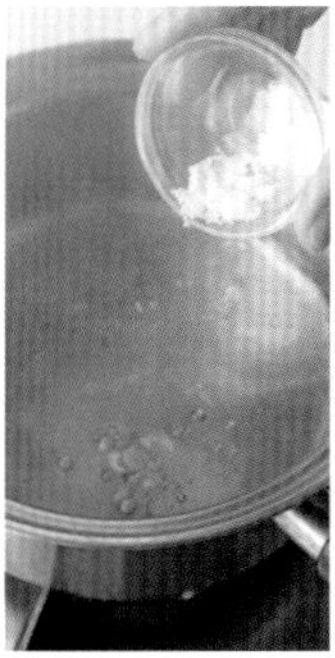

3 あえ衣を作り、あえる

ボウルに白練りごまを入れ、1の豆腐を少しずつ加えて（逆だと混ざりにくい）ゴムべらでくずしながら混ぜ、砂糖、塩、しょうゆで調味し、2を加えてあえる。

〈組み合わせたい料理〉

「あじのから揚げ」「野菜の肉巻き焼き」

わかめはさっと熱湯に通すと
色鮮やかになります。

きゅうりとわかめの酢のもの

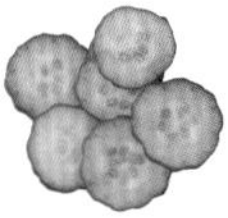

きゅうり

わかめ

材料（2人分）

きゅうり…1本

わかめ（塩蔵）…15g

合わせ酢

- 酢…大さじ1
- 砂糖、しょうゆ…各小さじ1
- 塩…少々

作り方

1 材料の下ごしらえ

きゅうりは薄い輪切りにし、塩少々（分量外）をふって5分ほどおき、しんなりしたら水けを絞る。わかめは塩を洗い流してもみ洗いし、さっと熱湯に通して冷水にとり、水けを絞って3cm長さに切る。

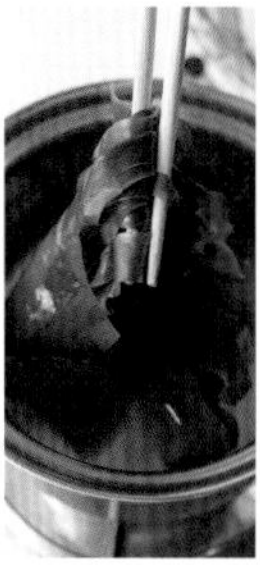

2 合わせ酢を作る

ボウルに合わせ酢の材料を入れ、よく混ぜて砂糖を溶かす。

3 あえる

ボウルに1を入れ、2を回し入れ、あえる。

〈組み合わせたい料理〉

「鶏肉のから揚げ（生野菜添え）」「さばの竜田揚げ（生野菜添え）」

第二章

使いやすい素材別副菜

この素材で何を作ろう？　家にある野菜や素材から、今日作る副菜を選べるよう、材料別に紹介しています。同じ材料でも、ほんの少しのアイデアでいろいろな味わいになりますよ。

ゆでたてのアスパラガスをひたし地へ。
だし味がよくなじみます。

アスパラガスのだしびたし

グリーンアスパラガス

しらす干し

材料（2人分）

グリーンアスパラガス
…7〜8本（150g）
しらす干し…大さじ2（15g）
ひたし地
だし…3/4カップ
酒、みりん、しょうゆ
…各小さじ2
塩…ひとつまみ

作り方

1 アスパラガスは根元1cmを切り落とし、根元5cmの皮をむいて3〜4cm長さに切る。

2 鍋にひたし地の材料を入れて中火にかけ、煮立ったら器に移す。

3 鍋にたっぷりの湯を沸かし、1の太い部分を入れ、再び煮立ったら穂先を加え、1分ほどゆでてざるに上げる。熱いうちに2に入れ、しらす干しをのせる。

〈組み合わせたい料理〉
「とんカツ（たっぷりのキャベツ添え）」「かじきのチリソース煮」（えびチリのかじき版）

卵をからめて食べたいので
黄身をとろりとした半熟に仕上げます。

ゆでアスパラガスと半熟卵のサラダ

グリーンアスパラガス

卵

材料（2人分）

グリーンアスパラガス
…7〜8本（150g）

卵…1個

ドレッシング

- 粒マスタード…大さじ1/2
- 塩…ひとつまみ
- こしょう…少々
- オリーブ油…大さじ1

作り方

1 アスパラガスは根元1cmを切り落とし、根元5cmの皮をむいて長さを半分に切る。鍋にたっぷりの湯を沸かして塩少々（分量外）を加え、アスパラガスの太い部分を入れ、再び煮立ったら穂先を加え、1分ほどゆでてざるに上げる。ドレッシングの材料を混ぜ合わせる。

2 卵は沸騰した湯に入れ、7分ゆでて水にとり、殻をむく。

3 器に1のアスパラガスを盛り、2を半分に割ってのせて、ドレッシングをかける。

〈組み合わせたい料理〉
「ハンバーグ」「タンドリーチキン」

わさびのほどよい辛みが
ねっとりとした
アボカドの味を引き締めます。

アボカドとトマトのわさびじょうゆあえ

アボカド

トマト

材料（2人分）
アボカド…1個
トマト…1個
わさびじょうゆ
─練りわさび…小さじ1/2
─しょうゆ…大さじ1/2

作り方
1　アボカドは種と皮を取り除き、1.5cm大に切る。トマトは8等分のくし形切りにして長さを半分に切る。
2　ボウルにわさびじょうゆの材料を入れてよく混ぜ、1を加えてあえる。

〈組み合わせたい料理〉
「豆腐チャンプルー」「鮭のムニエル」

えび、アボカド、マヨネーズ。

間違いなくおいしい、相性抜群のトリオ。

アボカドとえびのマヨサラダ

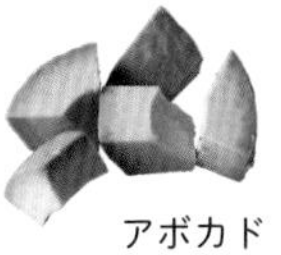
アボカド

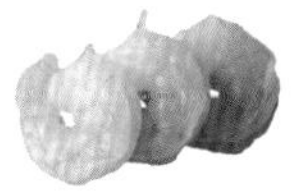
むきえび

玉ねぎ

材料（2人分）
アボカド…1個
むきえび…100g
玉ねぎ…1/4個
酒…大さじ1
マヨネーズソース
- マヨネーズ…大さじ2
- レモン汁…大さじ1/2
- 塩…ひとつまみ
- こしょう…少々

作り方

1　むきえびはあれば背ワタを取り、ざっと洗って水けを拭く。耐熱皿に入れて酒をふり、ラップをかけて電子レンジで1分30秒加熱し、水けを拭く。

2　玉ねぎは薄切りにし、冷水に3分ほどさらし、水けをよくきる。アボカドは種と皮を取り除き、1.5cm大に切る。

3　ボウルにマヨネーズソースの材料を入れて混ぜ、1、2を加え、ざっくりとあえる。

〈組み合わせたい料理〉

「鶏肉の鍋照り焼き」「豚肉の竜田焼き」

しょうゆ味のおかずを合わせるとご飯が進む献立に！

シンプル料理はゆで方がおいしさのキモ。
さっとゆでで、冷水にとって色鮮やかに。

オクラのおかかあえ

オクラ

削り節

材料（2人分）

オクラ…8〜10本（100g）

割りじょうゆ

─しょうゆ…大さじ1/2

─水…大さじ1

削り節…1/3パック（1g）

作り方

1　オクラはガクのまわりの汚れた部分をそぎ取り、塩少々（材料外）でこすって熱湯で色が変わる程度にゆでる。冷水にとって冷まし、2〜3等分の斜め切りにする。

2　器に**1**を盛り、混ぜ合わせた割りじょうゆをかけ、削り節をのせる。

〈組み合わせたい料理〉

「八宝菜」「ポークピカタ（レタスやサラダ菜をたっぷり添えて）」

オクラの粘りが生きるよう、
食感の楽しい素材を組み合わせて。

オクラとひよこ豆とひき肉のカレー炒め

オクラ

豚ひき肉

ひよこ豆

玉ねぎ

材料（2人分）

オクラ…8〜10本（100g）
豚ひき肉…100g
玉ねぎ…1/4個
ひよこ豆（ドライパック）…1パック（50g）
にんにく（みじん切り）…1/2かけ
カレー粉…大さじ1/2
A
　塩…小さじ1/2
　こしょう…少々
水…大さじ3
サラダ油…大さじ1

作り方

1　玉ねぎは1cm角に切る。オクラはガクのまわりの汚れた部分をそぎ取り、塩少々（分量外）でこすって洗い、水けを拭いて1cm長さのぶつ切りにする。

2　フライパンにサラダ油を熱してにんにくを弱火で炒め、香りが出たら玉ねぎを加え、全体に油が回ったらひき肉を加えて炒める。肉の色が変わってほぐれたらオクラ、ひよこ豆を加え、オクラに火が通ったらカレー粉をふって炒め、香りが出たらAを加えて炒め煮にする。

〈組み合わせたい料理〉
「かつおの刺身のおかずサラダ」「スパゲティボンゴレ」

ほぐしてかぶにからめたオレンジが
口の中で弾けてドレッシングのよう。

かぶとオレンジのサラダ

かぶ

オレンジ

材料（2人分）
かぶ…2個
オレンジ…1個
ドレッシング
- 塩…小さじ$\frac{1}{3}$
- こしょう…少々
- 酢…大さじ1
- オリーブ油…大さじ$1\frac{1}{2}$

作り方

1 かぶは茎を1㎝ほど残して切り落とす。縦半分に切って根元の汚れを洗い落とし、水けをきって縦薄切りにする。オレンジは皮と薄皮を取り除き、食べやすくほぐす。

2 ボウルにドレッシングの材料を入れて混ぜ、1を加えてあえる。

〈組み合わせたい料理〉

「油淋鶏《ユーリンチー》」「野菜の豚肉巻き焼き（みそ味）」

こってり味でボリュームのあるおかずがマッチ。

炒めたかぶに小麦粉をふり、
とろみをつける方法なら、失敗なし。

かぶとハムのクリーム煮

かぶ

ハム

材料（2人分）
かぶ…3個
ハム…2枚
小麦粉…大さじ2
牛乳…2カップ
塩…小さじ2/3
こしょう…少々
バター…大さじ1 1/2

作り方

1　かぶは茎を2cmほど残して切り落とし、縦6等分のくし形に切り、根元の汚れを洗い落とす。葉は3cm長さに切る。ハムは半分に切って1cm幅に切る。

2　フライパンにバターを溶かし、かぶを入れて弱めの中火で色づかないように炒める。全体にバターが回ったら小麦粉をふり入れ、粉っぽさがなくなるまで炒める。

3　牛乳を加え、中火にして鍋底からよく混ぜながら煮る。煮立ったら弱火にしてふたをし、ときどき混ぜながら3～4分煮る。かぶがやわらかくなったらハム、かぶの葉を加え、塩、こしょうで調味し、ひと煮する。

〈組み合わせたい料理〉
「鶏肉のスパイス焼き」「白身魚のパン粉焼き」

かぼちゃがご飯のおかずに。
折れやすいので、ゆっくり火を通します。

かぼちゃのきんぴら

かぼちゃ

材料（2人分）

かぼちゃ…240g（正味200g）

合わせ調味料

—みりん、しょうゆ…各小さじ2

—砂糖…小さじ1

サラダ油…大さじ1 1/2

作り方

1 かぼちゃはワタと種を取り除き、皮つきのまま1㎝幅の棒状に切る。合わせ調味料は混ぜ合わせる。

2 フライパンにサラダ油を熱し、かぼちゃを入れて弱めの中火で6〜7分炒める。ツヤが出てきたら余分な油をペーパータオルで拭き取り、合わせ調味料を加えて汁けがなくなるまで炒め煮にする。

〈組み合わせたい料理〉
「厚切りベーコンのレタス煮」
「あじのエスカベッシュ」

甘くてホクホクのかぼちゃに濃厚なチーズソースがマッチ。

かぼちゃのチーズサラダ

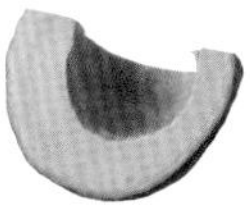

かぼちゃ

クリームチーズ

材料（2人分）

かぼちゃ…300g（正味250g）
レーズン…大さじ1（10g）
アーモンド（ロースト）…10g
チーズソース
　クリームチーズ…50g
　牛乳…大さじ2
　レモン汁…小さじ1/2
　塩…ひとつまみ
　こしょう…少々

作り方

1　かぼちゃは種とワタを取り除いてさっと洗い、ラップで包んで電子レンジで約6分加熱し、皮までやわらかくする。

2　小さい耐熱容器にクリームチーズを入れ、電子レンジで約20秒加熱する。混ぜてクリーム状にして牛乳でのばし、チーズソースの残りの材料を混ぜる。

3　1をフォークで2㎝大くらいにつぶし、粗熱がとれたら器に盛る。2をかけ、レーズン、アーモンドを砕いて散らす。

〈組み合わせたい料理〉
「ポークジンジャー（葉野菜添え）」「キャベツのアンチョビーパスタ」

カリフラワーのアンチョビー焼き

野菜の持つ水分だけで蒸し焼きにすると野菜のうまみ、甘みが凝縮されます。

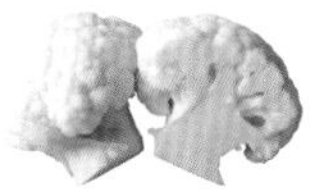

カリフラワー

アンチョビー

材料（2人分）

カリフラワー
…小1個（正味300g）
アンチョビー…3〜4枚
塩、粗びき黒こしょう…各少々
オリーブ油…大さじ1

作り方

1　カリフラワーは小房に分け、大きいものは半分に切る。
2　フライパンにオリーブ油を熱し、1を入れ、ふたをしてときどき返しながら弱めの中火で8〜10分蒸し焼きにする。カリフラワーに竹ぐしがスーッと通るくらいになったらアンチョビーを加えて炒め合わせ、味をみて塩、粗びき黒こしょうをふる。

〈組み合わせたい料理〉
「パリパリチキンソテーサラダ」「ソーセージといんげん豆の具だくさんスープ」

やわらかく蒸し煮にしたカリフラワーを味わいます。ソーセージがうまみ出し！

カリフラワーとソーセージの蒸し煮

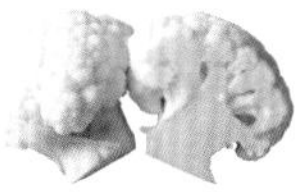

カリフラワー

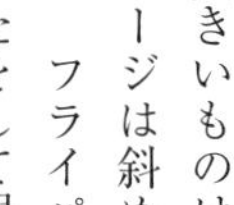

ソーセージ

材料（2人分）
カリフラワー
…小1個（正味300g）
ソーセージ…3本
A
水…1/4カップ
塩…小さじ1/3
こしょう…少々
パセリ（みじん切り）…少々

作り方

1　カリフラワーは小房に分け、大きいものは半分に切る。ソーセージは斜め半分に切る。

2　フライパンに1、Aを入れ、ふたをして弱めの中火で12分蒸し煮にする。カリフラワーがくたくたにやわらかくなったらパセリをふり、混ぜる。

〈組み合わせたい料理〉
「ひき肉とじゃがいものチーズ焼き」「焼きさばとクレソンのサラダ」

ミックスきのこソテー

きのこは強火で焼きつけるように炒め、水分を十分飛ばすと、うまみがギュッ！

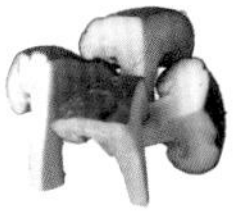

生しいたけ

マッシュルーム

エリンギ

材料（2人分）

生しいたけ…1パック（150g）
マッシュルーム
…1パック（150g）
エリンギ…1パック（100g）
にんにく（薄切り）…1かけ
塩…小さじ$\frac{1}{2}$
こしょう…少々
オリーブ油…大さじ$1\frac{1}{2}$
パセリ（みじん切り）…大さじ1

作り方

1　きのこは石づきを落とし、しいたけは十文字に切り、マッシュルームは半分に切る。エリンギは縦横半分に切り、さらに縦5㎜幅に切る。

2　フライパンにオリーブ油を熱してにんにくを弱火で炒め、香りが出たら**1**を加え、強火で4～5分、焼きつけるように炒める。

3　水分がなくなったら塩、こしょうで調味する。火を止め、パセリを加えて混ぜる。

〈組み合わせたい料理〉

「巻かないロールキャベツ」「めかじきのトマト煮」

主菜を煮ている間に副菜のソテーを作って段取りよく！

オイスターソースと豆板醤で甘みと辛みをプラスした食べやすい味つけ。

ミックスきのこのレンジ蒸しマリネ

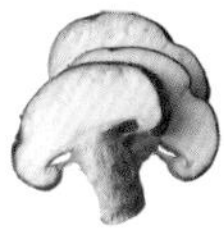
生しいたけ

えのきだけ

しめじ

材料（2人分）
生しいたけ…小1パック（100g）
しめじ…小1パック（100g）
えのきだけ…大1袋（200g）
マリネ液
酢、ごま油…各大さじ1
オイスターソース、しょうゆ…各大さじ1/2
豆板醤《トウバンジャン》…小さじ1/2
こしょう…少々

作り方
1　きのこは石づきを落とし、しいたけは5～6㎜厚さの薄切りにし、しめじは小房に分ける。えのきだけは長さを半分に切る。
2　耐熱ボウルに1、マリネ液の材料を入れて混ぜ、ラップをかけて電子レンジで約4分30秒加熱する。

〈組み合わせたい料理〉
「鶏むね肉とパプリカの塩炒め」「かに玉」

油に入れたら最初は触らずに！
しっかり揚げるから、カラッとおいしい。

まいたけの天ぷら

まいたけ

材料（2人分）
まいたけ…1パック（100g）
衣
―小麦粉…60g
―冷水…1/2カップ
揚げ油…適量
粗塩…少々
ゆず…1/2個

作り方

1 まいたけは6等分に裂く。

2 衣を作る。ボウルに冷水を入れ、小麦粉を加えて菜箸でざっくりと混ぜる。

3 フライパンに揚げ油を2cm高さに入れて160℃に熱し、まいたけに2の衣をからめて入れ、カラッとするまで5〜6分揚げる。器に盛り、粗塩をふってゆずを添える。

〈組み合わせたい料理〉

「レンジよだれ鶏」「ぶりの鍋照り焼き（青菜添え）」

天ぷらは少し手間がかかるので、手軽な料理を組み合わせて。

大根おろしの水けをほどよくきり、食べる直前にあえると、味が決まります。

しめじのみぞれあえ

しめじ

大根おろし

三つ葉

材料（2人分）
しめじ…小1パック（100g）
大根…1/4本（300g）
三つ葉…1/3束（20g）
合わせ酢
─酢…大さじ1
─砂糖、しょうゆ…各小さじ1/2
─塩…小さじ1/4

作り方

1　しめじは石づきを落として細かくほぐし、長いものは長さを半分に切る。耐熱容器に入れ、ラップをかけて電子レンジで約1分加熱する。ラップをかけたまま粗熱をとる。

2　三つ葉は2cm長さに切り、さっと熱湯に通してざるに上げ、流水で冷まして水けを絞る。大根はすりおろし、水けをきってボウルに入れる（1/2カップくらい）。

3　ボウルに合わせ酢の材料を入れ、1、2を加え、あえる。

〈組み合わせたい料理〉
「肉じゃが」「さばのみそ焼き」
「さばのみそ煮」

しいたけと肉だねを粉でしっかりつけ、肉面から焼くとはがれにくくなります。

しいたけの肉詰め焼き

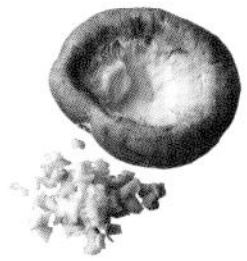

生しいたけ

鶏ひき肉

材料（2人分）
生しいたけ…6枚
肉だね
- 鶏ひき肉…100g
- 長ねぎ（みじん切り）…大さじ3
- 卵…小1個
- パン粉…1/4カップ
- 塩…ひとつまみ
- こしょう…少々

小麦粉…適量
A
- 酒、みりん、しょうゆ…各大さじ1
- 砂糖…小さじ1

サラダ油…大さじ1/2

作り方
1 しいたけは石づきを落とし、軸はみじん切りにする。
2 ボウルに肉だねの材料、1の軸を入れ、よく練り混ぜる。
3 しいたけのかさの内側に茶こしで小麦粉をふり、2を等分にして詰める。
4 フライパンにサラダ油を熱し、3の肉面を下にして入れ、弱めの中火で2～3分焼き、きれいな焼き色がついたら返してさらに2～3分焼く。余分な油をペーパータオルで拭き取り、Aを順に加え、上下を返しながら全体に煮からめる。

〈組み合わせたい料理〉
「レンジ蒸し鶏とねぎのサラダ」「たこときゅうりのマリネ」

しょうがの香りと辛みを引き出し、きくらげを入れたら手早く炒め合わせて。

きくらげのしょうゆ炒め

生きくらげ

材料（2人分）

生きくらげ…100g
（または乾燥きくらげ15g）

しょうが（せん切り）…1かけ

赤唐辛子（小口切り）…小1本

A
- 酒、しょうゆ…各大さじ1
- こしょう…少々

サラダ油…大さじ1/2

作り方

1　生きくらげはひと口大に切り、水からゆで、水けをよくきる（乾燥きくらげの場合はたっぷりの水に30～40分つけてもどし、大きいものはひと口大に切る）。

2　フライパンにサラダ油を熱してしょうが、赤唐辛子を弱火で炒め、香りが出たら**1**を入れて炒める。全体に油が回ったらAを順に加え、炒め合わせる。

〈組み合わせたい料理〉
「レンジ蒸し豚のヨーグルトトマトだれ」「さんまとごぼうのかき揚げ」

箸休めに最適な一品。
辛みと切り昆布のうまみを利かせます。

キャベツの浅漬け

キャベツ

材料（作りやすい分量）
キャベツ…1/4個（300g）
粗塩…6g（キャベツの重量の2%）
しょうが（薄切り）…1かけ
赤唐辛子（種を取る）…1本
切り昆布…5g

作り方

1　キャベツはひと口大に切り、軸は縦薄切りにする。

2　ポリ袋に材料すべてを入れ、ポリ袋をふって全体にまぶし、空気を抜いて室温で一晩おく。

3　しんなりしたら水けを軽く絞り、器に盛る。残った分は冷蔵庫で保存する。

〈組み合わせたい料理〉
「プルコギ」「鶏肉とごぼうとにんじんの煮もの」

いりごまをさらにいって香ばしく！
じゃことともにアクセントになります。

せん切りキャベツのじゃこごまポン酢あえ

キャベツ

ちりめんじゃこ

材料（2人分）

キャベツ…1/4個（300g）
ちりめんじゃこ…15g
白いりごま…大さじ1
ポン酢しょうゆ（市販品でも）
― しょうゆ、酢…各大さじ1 1/2
― 砂糖…大さじ1/2
ごま油…大さじ1

作り方

1 キャベツはせん切りにし、軸もせん切りにする。ポン酢しょうゆの材料は混ぜ合わせる。
2 フライパンに白いりごまを入れ、混ぜながら弱火でいる。
3 ボウルにポン酢しょうゆ、ごま油を入れて混ぜ、1のキャベツ、じゃこ、2を加えてあえる。

〈組み合わせたい料理〉
「にらギョーザ」「えびときのこの辛みレンジ蒸し」

アンチョビーのうまみを引き出し
全体に炒め合わせます。

キャベツのアンチョビー炒め

キャベツ

アンチョビー

材料（2人分）
キャベツ…1/4個（300g）
アンチョビー…3枚
にんにく（つぶす）…1/2かけ
赤唐辛子（種を取る）…1本
塩、こしょう…各少々
オリーブ油…大さじ1

作り方

1　キャベツは大きめのひと口大に切り、軸は縦薄切りにする。

2　フライパンにオリーブ油、にんにく、赤唐辛子を入れて弱火で炒め、香りが出てきたら1を加え、強めの中火で2〜3分炒める。

3　全体にカサが減ったら中央をあけ、アンチョビーを加えて炒め合わせ、塩、こしょうで調味する。

〈組み合わせたい料理〉
「チキンカツ」「ドライカレー」

かたくなりやすいあさりの身は時間差で加え、殻が開いたらすぐに火を止めます。

キャベツとあさりのナンプラー蒸し

キャベツ

あさり

材料（2人分）

キャベツ…1/4個（300g）
あさり…200g
酒、ナンプラー…各大さじ1
こしょう…少々
サラダ油…大さじ1/2

作り方

1　あさりは高さの半分の塩水（海水程度）につけ、新聞紙などをかぶせて約1時間おき、砂出しをする。殻をこすり合わせて洗い、ざるに上げる。

2　キャベツは4～5cm四方のざく切りにし、軸は厚みを半分に切る。

3　フライパンにサラダ油を熱し、**2**を入れて中火で炒め、透き通ってきたら、**1**、酒、ナンプラーを入れ、ふたをして3～4分蒸し煮にする。あさりの殻が開いたら、こしょうで調味し、全体を混ぜ合わせる。

〈組み合わせたい料理〉
「ガパオライス」「オムレツ」

きゅうりは食べる直前まで冷やします。
このひと手間でひんやり、おいしい！

きゅうりとみょうがの赤じそドレッシング

材料（2人分）

きゅうり…2本
みょうが…2個
赤じそドレッシング
―赤じそふりかけ…小さじ1
―レモン汁…小さじ2
―サラダ油…大さじ1
―塩…少々

作り方

1　きゅうりは5㎝長さのせん切りにし、冷蔵庫で冷やす。みょうがは縦半分に切って縦薄切りにし、冷水で洗ってほぐし、水けをきる。

2　ボウルにドレッシングの材料を入れて混ぜ、1を加え、あえる。

〈組み合わせたい料理〉
「春巻き」「青椒肉絲《チンジャオロースー》」

玉ねぎ入りドレッシングがさわやか。
きゅうりは厚めに切って歯ごたえよく。

きゅうりの
玉ねぎドレッシング

きゅうり

材料（2人分）
きゅうり…2本
玉ねぎドレッシング
- 玉ねぎ（すりおろし）…大さじ2
- 酢…大さじ1/2
- 塩…小さじ1/3
- 粗びき黒こしょう…少々
- サラダ油…大さじ1

作り方
1 きゅうりはピーラーで縞目に皮をむき、1.5㎝厚さの輪切りにする。
2 ドレッシングの材料を混ぜ合わせ、1を加えてあえる。

〈組み合わせたい料理〉
「豚肉のみそしょうが焼き」「ポテトコロッケ」

きゅうりをたたいて凹凸をつけるとたれがよくからみます。ささみでボリュームアップ。

きゅうりと鶏ささみのごまだれあえ

きゅうり

鶏ささみ

材料（2人分）

きゅうり…2本

鶏ささみ…2本（100g）

A
- 塩…ひとつまみ
- 酒…大さじ1

ごまだれ
- 白練りごま…大さじ1
- しょうゆ、砂糖…各小さじ2
- 酢…小さじ1
- 豆板醤《トウバンジャン》…少々

作り方

1　きゅうりはめん棒などでたたいて割り、5cm長さに切る。

2　耐熱皿に鶏ささみを入れてAをからめ、ラップをかけて電子レンジで2分加熱する。ラップをかけたまま粗熱がとれるまでおき、粗く裂く。

3　ボウルに白練りごまを入れ、しょうゆを少しずつ加えて溶き、残りの材料も加えて混ぜる。1、2を加えてあえる。

〈組み合わせたい料理〉

「肉野菜炒め」「ベーコンとピーマンの蒸し煮」

干しえび、ザーサイを炒め合わせ、
食感と味に深みを出します。

きゅうりとひき肉の四川風炒め

きゅうり

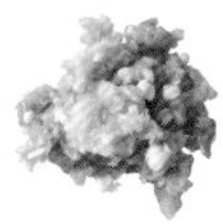
豚ひき肉

材料（2人分）
きゅうり…3本
豚ひき肉…100g
干しえび（さっと洗い、みじん切り）…大さじ1
しょうが（みじん切り）…小さじ1
A
—酒、しょうゆ…各小さじ1
B
—ザーサイ（みじん切り）…大さじ1
酒、しょうゆ…各大さじ1/2
砂糖…小さじ1/2
こしょう…少々
豆板醤《トウバンジャン》…小さじ1/2
サラダ油…大さじ1
ごま油…小さじ1/2

作り方
1　きゅうりは長めの乱切りにする。ひき肉はAをからめる。Bは混ぜ合わせる。
2　フライパンにサラダ油を熱し、干しえび、しょうがを弱火で炒め、香りが出たらひき肉を入れて中火でほぐすように炒める。肉の色が変わったら中央をあけて豆板醤を入れて炒め、香りが出たらきゅうりを加えて強火で炒め合わせる。
3　きゅうりの生っぽさが消えたら、Bを加えて手早く炒め合わせ、ごま油で香りをつける。

〈組み合わせたい料理〉
「魚の塩焼き」「豆腐とねぎのとろみ煮」

ささがきにしたごぼうは
味がよくからみます。
相性抜群のごまマヨソースで！

ごぼうとツナの ごまマヨサラダ

ごぼう

ツナ缶

材料（2人分）
ごぼう…小1本（150g）
ツナ缶…小1缶（70g）
ごまマヨソース
- マヨネーズ…大さじ3
- 白すりごま…大さじ1
- レモン汁…小さじ1
- 塩、こしょう…各少々

作り方

1　ごぼうは皮をタワシでよく洗い、ささがきにし、水に5分さらして水けをきる。鍋に湯を沸かし、酢、塩各少々（各分量外）を入れ、ごぼうを入れて3〜4分ゆで、ざるに上げて粗熱をとる。ツナは缶汁をきる。

2　ボウルにごまマヨソースの材料を入れて混ぜ、ごぼう、ツナを加えてあえる。

〈組み合わせたい料理〉
「牛肉と玉ねぎの煮もの」「豚こまと青梗菜のポン酢炒め」

ごぼうをたたいて食べやすく。歯ごたえもほどよく残ります。

たたきごぼうとベーコンのみそ炒め

ごぼう

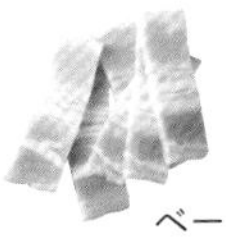
ベーコン

材料（2人分）
ごぼう…小1本（150g）
ベーコン…3枚（40g）
合わせ調味料
─酒、みりん、みそ…各大さじ1
─砂糖…小さじ1
─水…大さじ3
サラダ油…大さじ1

作り方

1　ごぼうは皮をタワシでよく洗い、めん棒などでたたいてヒビを入れ、4〜5cm長さに切り、水に5分さらして水けをきる。ベーコンは1cm幅に切る。合わせ調味料は混ぜ合わせる。

2　フライパン（直径22cm）にサラダ油を熱し、ベーコンを入れて中火でさっと炒め、ごぼうを加えて弱めの中火で5分ほど炒める。

3　ごぼうに油が回りツヤが出てきたら合わせ調味料を加え、ふたをして弱火で10分ほど煮る。ごぼうがやわらかくなったらふたを取り、水分がなくなるまで炒め煮にする。

〈組み合わせたい料理〉
「かに豆腐」「えび豆腐」「豚しゃぶサラダ」

にんにく、赤唐辛子の香りが出たら、
茎、葉先の順に、手早く炒めるのがコツ。

小松菜のにんにく炒め

小松菜

材料（2人分）

小松菜…1束（200g）
にんにく（つぶす）…1かけ
赤唐辛子（種を取る）…1本
A
―酒…大さじ1
―塩…小さじ1/4
―こしょう…少々
サラダ油…大さじ1

作り方

1　小松菜は4〜5㎝長さに切り、茎と葉先にざっと分ける。
2　フライパンにサラダ油、にんにく、赤唐辛子を入れて弱火で炒め、香りが出たら小松菜の茎を入れて強火でさっと炒め、葉先、Aを順に加えて炒め合わせる。

〈組み合わせたい料理〉
「手羽元とにんじんの酢煮」「豚肉のオイスターソースマリネ」

ほたて缶を味出しにしたとろみ煮。
うまみの詰まった缶汁も残さず加えます。

小松菜とほたて缶のとろみ煮

小松菜

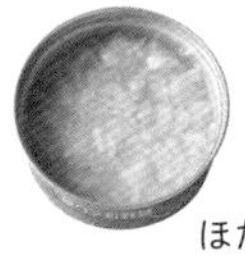

ほたて缶

材料（2人分）

小松菜…1束（200g）

ほたて缶…小1缶（70g）

しょうが（せん切り）…1/2かけ

水…1/2カップ

A

- 酒…大さじ1
- 塩…小さじ1/3
- こしょう…少々

水溶き片栗粉

- 片栗粉…大さじ1/2
- 水…大さじ1

サラダ油…大さじ1/2

ごま油…小さじ1

作り方

1 小松菜は4～5cm長さに切り、茎と葉先にざっと分ける。

2 フライパンにサラダ油を熱し、しょうがを入れて弱火でさっと炒め、香りが出たら小松菜の茎を入れて強めの中火で炒める。油が回ったら葉先を加えてさっと炒める。

3 分量の水を加え、煮立ったらAを加えて中火で煮る。ほたてを缶汁ごと加え、再び煮立ったら水溶き片栗粉でとろみをつけ、ごま油で香りをつける。

〈組み合わせたい料理〉

「肉だんごのケチャップがらめ」「豚肉とわかめの甘辛じょうゆ炒め」

できるだけ細く切ったじゃがいもを
シャキシャキ感が残るよう、
さっとゆでます。

せん切りじゃがいものサラダ

じゃがいも

香菜

材料（2人分）

じゃがいも…1個

香菜…3株（30g）

中華ドレッシング
- 塩…小さじ1/4
- こしょう…少々
- 酢…小さじ2
- ごま油…大さじ1

作り方

1　じゃがいもは細いせん切りにし、水にさらしてでんぷん質を取り除き、ざるに上げる。香菜は3〜4cm長さに切る。

2　鍋にたっぷりの湯を沸かし、じゃがいもを入れ、ひと混ぜしてざるに上げる。流水で冷やして粗熱をとり、水けを軽く絞る。

3　ボウルにドレッシングの材料を入れて混ぜ合わせ、2、香菜を加えてあえる。

〈組み合わせたい料理〉
「回鍋肉《ホイコーロー》」「白身魚の香味揚げ」

とろみをつけるため、じゃがいもは水にさらさずに煮ます。
ドフィノア

じゃがいも

材料（2人分）

じゃがいも…2個
牛乳…$1\frac{1}{2}$カップ
塩…小さじ$\frac{2}{3}$
こしょう…少々
パン粉、パルメザンチーズ…各大さじ2
バター…大さじ1

作り方

1　鍋に牛乳を入れ、じゃがいもをスライサーで薄切りにしながら入れる。

2　1の鍋を中火にかけ、焦がさないように木べらで混ぜながら、10分ほど煮る。じゃがいもに竹ぐしがスーッと通るくらいやわらかくなったら塩、こしょうで調味する。

3　耐熱皿に2を流し入れ、パン粉、チーズをふり、バターをちぎってところどころにのせ、220℃のオーブンで10〜15分、きれいな焼き色がつくまで焼く（オーブントースターの場合は8〜10分焼く）。

〈組み合わせたい料理〉
「薄切り牛肉ソテーサラダ」「ハンバーグ　焼きトマト添え」

じっくり炒めるとカリッ！ホクッ！
カレーの香りが食欲をそそります。

じゃがいもと豚肉のカレーじょうゆ炒め

じゃがいも

豚こま切れ肉

材料（2人分）

じゃがいも…２個
豚こま切れ肉…１００g
カレー粉…小さじ１
しょうゆ…大さじ１
こしょう…少々
サラダ油…大さじ３〜４

作り方

１　じゃがいもは１㎝幅の拍子木切りにする。豚肉はひと口大に切る。

２　フライパンにサラダ油を熱し、じゃがいもを入れ、ときどき返しながら弱めの中火で10分ほど炒める。じゃがいもの表面がカリッとしてきたら余分な油をペーパータオルで拭き取り、じゃがいもを端に寄せ、豚肉を加えて炒める。

３　肉の色が変わったら全体を混ぜ合わせ、カレー粉をふって混ぜ、香りが出たらしょうゆ、こしょうを加えて炒め合わせる。

〈組み合わせたい料理〉
「ゆで卵とレタスのフレンチドレッシングサラダ」「ハムとトマトのかきたまスープ」

じゃがいもとのりのかき揚げ

ダブルののりで香りよく。焼きのりはしなっとしないよう、揚げる直前にプラス。

じゃがいも

青のり

焼きのり

材料（2人分）
じゃがいも…1個
焼きのり…全形1枚
青のり…大さじ1
衣
─小麦粉…60g
─冷水…1/2カップ
揚げ油…適量
粗塩…少々

作り方
1　じゃがいもは7～8㎜角に、焼きのりは1㎝四方に切る。
2　ボウルに衣の冷水を入れ、小麦粉を加えて菜箸でざっくりと混ぜ、じゃがいもと青のりを加えて混ぜる。
3　2に焼きのりを加えてさっと混ぜ、170℃の揚げ油にスプーンで1/6量ずつ落とし入れる。表面がこんがりと色づき、じゃがいもがやわらかくなるまで5～6分揚げる。器に盛って粗塩をふる。

〈組み合わせたい料理〉

「温やっこのレンジカレーあんかけ」「いわしの梅レンジ蒸し」

かき揚げは少し手間がかかるので、簡単なものを合わせて。

コクのある練りごまが
ほろ苦い春菊の味を引き立てます。

ゆで春菊と柿の練りごまあえ

春菊

柿

材料（2人分）
春菊…1束（150g）
柿…1/4個
あえ衣
- 白練りごま…大さじ1 1/3
- しょうゆ、砂糖…各大さじ1/2
- 水…小さじ1

作り方

1 春菊は4cm長さに切り、茎の太い部分は縦半分に切る。柿は5mm幅の細切りにする。

2 鍋に湯を沸かし、春菊の茎、葉先の順に入れ、再び煮立ったらざるに上げて広げ、粗熱をとって水けを絞る。

3 ボウルに白練りごまを入れ、しょうゆ、水を少しずつ加えてのばし、砂糖を加えて混ぜる。春菊、柿を加えてあえる。

〈組み合わせたい料理〉
「鮭のくるみ焼き（オーブントースター焼き）」「牛肉ソテーおろしのせ」

春菊とちくわのピリ辛サラダ

生の春菊もなかなか。
水につけてシャキッとさせます。

春菊

長ねぎ

ちくわ

材料（2人分）
春菊…1束（150g）
長ねぎ…10cm
ちくわ…2本
ドレッシング
白すりごま…大さじ1
にんにく（すりおろし）…少々
しょうゆ、酢…各大さじ1/2
砂糖、コチュジャン、ごま油…各小さじ1

作り方
1　春菊は葉を摘み、茎は斜め薄切りにし、冷水につけてシャキッとさせ、水けをよくきる。長ねぎは長さを半分に切り、縦に切り込みを入れて芯を除き、せん切りにする。ちくわは斜め薄切りにする。
2　ボウルにドレッシングの材料を入れ、混ぜ合わせる。
3　器に1を盛り、2を回しかける。

〈組み合わせたい料理〉
「牛肉のチャプチェ」「鶏肉の豆乳鍋」

にんにくとごま油。
パンチのあるあえ衣がクセになります。

ズッキーニのナムル

ズッキーニ

材料（2人分）
ズッキーニ…1本
塩…小さじ$\frac{1}{2}$
あえ衣
　白すりごま、ごま油
　…各大さじ1
　おろしにんにく、塩…各少々

作り方
1　ズッキーニは3㎜厚さの半月切りにする。ボウルに入れて塩を混ぜて10分ほどおき、軽くもんで水けを絞る。
2　ボウルにあえ衣の材料を入れて混ぜ合わせ、1を加えてあえる。

〈組み合わせたい料理〉
「スンドゥブチゲ」「豚キムチ」

揚げるとズッキーニがジューシーに。
水多めの軽い衣がポイントです。

ズッキーニの生ハムはさみフリット

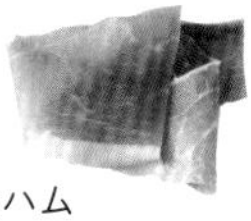

材料（2人分）

ズッキーニ…1本
生ハム…30g
衣
　小麦粉…60g
　ベーキングパウダー…小さじ1/2
　塩…少々
　冷水…1/2カップ
　サラダ油…大さじ1/2
小麦粉…少々
揚げ油…適量
レモン、塩（好みで）…各適宜

作り方

1　ズッキーニは両端を切り落として縦に深い切り込みを入れ、生ハムをはさみ、1.5cm厚さに切る。
2　ボウルに衣の材料を順に入れ、混ぜ合わせる。
3　1に小麦粉を薄くまぶし、2の衣をからめて170℃の揚げ油に入れ、色よくなってカリッとするまで4～5分揚げる。器に盛り、好みでレモンを搾り、塩をふる。

〈組み合わせたい料理〉

「ひき肉とひよこ豆のトマト煮」「魚介のマリネ」

フリットはアツアツを食べたいので、合わせる料理は作りおきできるものを。

セロリをできるだけ細く切ると
シャキシャキ感が心地よいサラダに！

セロリのサラダ たらこドレッシング

セロリ

たらこ

材料（2人分）
セロリ…1本
たらこドレッシング
―たらこ（甘塩）…小1腹（50g）
レモン汁…大さじ1/2
塩、こしょう…各少々
サラダ油…大さじ1 1/2

作り方
1 セロリは筋を取り、5cm長さのせん切りにする。葉先は5mm幅に切る。共に冷水に3分ほどさらし、水けをよくきる。たらこは薄皮を取り除く。
2 ボウルにドレッシングの材料を入れて混ぜ合わせ、セロリを加え、あえる。

〈組み合わせたい料理〉
「えびのスティック春巻き」「スパゲティミートソース」

片栗粉をからめた鶏肉はつるり。
セロリとの食感のコントラストが楽しい。

セロリと鶏むね肉の中華炒め

セロリ

鶏むね肉

材料（2人分）
セロリ…1本
鶏むね肉…1/2枚（100g）
しょうが（薄切り）…1/2かけ
A
―塩…少々　酒…小さじ1
―片栗粉…小さじ1
合わせ調味料
―塩…小さじ1/3
こしょう…少々
酒、水…各大さじ1
―片栗粉…小さじ1/3
ごま油…小さじ1
サラダ油…大さじ1

作り方

1　セロリは筋を取り、縦半分に切って斜め1㎝幅に切る。葉は大きければ2～3等分に切る。鶏肉は繊維に沿って5㎝長さ、1㎝幅の細切りにし、Aをからめる。合わせ調味料は混ぜる。

2　フライパンにサラダ油を熱してしょうがを弱火で炒め、香りが出たらセロリを入れて中火で1～2分炒める。セロリが鮮やかな色になったら端に寄せ、鶏肉を入れて炒める。

3　肉の色が変わったらセロリの葉、合わせ調味料を加え、炒め合わせる。

〈組み合わせたい料理〉
「油揚げと青菜の煮物」「かにかまとレタスのマヨサラダ」

カリカリの油揚げがアクセント。
上品な辛みドレッシングで
大根がもりもり食べられます。

大根と焼き油揚げの ゆずこしょうドレッシング

大根

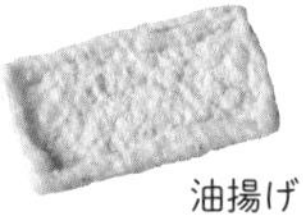

油揚げ

材料（2人分）

大根…1/6本（200g）
油揚げ…1枚
ゆずこしょうドレッシング
　ゆずこしょう
　…小さじ1/3～1/2
　酒、しょうゆ…各小さじ1
　砂糖…ひとつまみ
　塩…少々

作り方

1　大根は薄切りにし、せん切りにする。油揚げはペーパータオルではさんで油を拭き取る。熱したフライパンに入れて弱火で5～6分焼き、カリッとしてきたら返して同様に焼き、手でちぎる。
2　ボウルにドレッシングの材料を混ぜ合わせる。
3　2に1を加えてあえる。

〈組み合わせたい料理〉
「豚肉の角煮」「かれいの煮つけ」

辛子入りマヨネーズがワザあり！
大根とかまぼこの食感の違いも面白い。

大根とかまぼこの辛子マヨサラダ

大根

かまぼこ

材料（2人分）

大根…1/6本（200g）
かまぼこ…小1本（60g）
辛子マヨネーズ
—マヨネーズ…大さじ2
練り辛子、レモン汁
…各小さじ1
—塩、こしょう…各少々

作り方

1 大根は5cm長さの短冊切りにする。かまぼこは大根と同じ大きさの短冊切りにする。
2 ボウルに練り辛子を入れ、レモン汁、マヨネーズで溶きのばし、塩、こしょうで調味する。
3 2に1を加えてあえる。

〈組み合わせたい料理〉
「フライドチキン」「鶏じゃが」

淡泊な味の大根は、味のしっかりしたザーサイを合わせ、しょうゆで味つけ。

大根のザーサイ炒め

大根

ザーサイ

材料（2人分）

大根…1/4本（300g）

ザーサイ（味つき）…20g

酒…大さじ1

しょうゆ…小さじ1

サラダ油…大さじ1

作り方

1　大根は2~3mm厚さの半月切りにする。ザーサイは大きいものは2cm大に切る。

2　フライパンにサラダ油を熱し、大根を入れて強めの中火で5~6分炒める。少し焼き色がついたらザーサイを加え、大根がしんなりしたら酒、しょうゆをふって炒め合わせる。

〈組み合わせたい料理〉

「名古屋風手羽中のから揚げ」

「手羽元と里いも、しいたけの煮もの」

青菜などの緑黄色野菜を添えると、栄養バランスもばっちり。

具材を炒めてから煮ることで
煮くずれが防げ、コクが出ます。

乱切り大根と豚こまの煮もの

大根

豚こま切れ肉

材料（2人分）

大根…$\frac{1}{3}$本（400g）
豚こま切れ肉…100g
しょうが（薄切り）…小1かけ
水…1カップ
A
- 酒、みりん、しょうゆ…各大さじ$1\frac{1}{2}$
- 砂糖…大さじ$\frac{1}{3}$

サラダ油…大さじ$\frac{1}{2}$

作り方

1 大根は縦2～4等分に切り、長めの乱切りにする。豚肉は大きいものは食べやすく切る。

2 フライパンにサラダ油を熱し、しょうが、豚肉を入れて中火で炒める。肉の色が変わったら大根を加えてさらに炒める。

3 全体に油が回ったら分量の水を加え、煮立ったらアクを取り、Aを加え、落としぶたをして弱めの中火で15～20分煮る。途中でときどき上下を返し、大根がやわらかくなり、煮汁がほぼなくなればでき上がり。

〈組み合わせたい料理〉
「いかときゅうりのねぎ塩あえ」「厚揚げと小松菜の塩炒め」

玉ねぎはできるだけ細かく切る。
ドレッシングとなじませるコツです。

トマトと玉ねぎのサラダ

トマト

玉ねぎ

材料（2人分）

トマト…2個
玉ねぎ…$\frac{1}{4}$個
フレンチドレッシング
- 塩…小さじ$\frac{1}{3}$
- こしょう…少々
- 酢…大さじ1
- サラダ油…大さじ$1\frac{1}{2}$

パセリ（みじん切り）…少々

作り方

1 トマトは1cm厚さの輪切りにし、器に盛る。玉ねぎはみじん切りにし、冷水にさらして水けを軽く絞る。

2 ボウルにドレッシングの材料を入れて混ぜ合わせる。

3 1のトマトに玉ねぎをのせ、2をかけ、パセリを散らす。

〈組み合わせたい料理〉
「煮込みハンバーグ（玉ねぎを炒めて煮込んだソース）」「えびフライ」

たこのむっちり感とセロリの清涼感。
主役のトマトをおいしくアシスト！

トマトとたこのマリネ

トマト

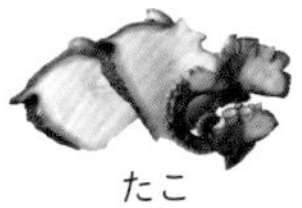
たこ

セロリ

材料（2人分）

トマト…2個

たこ…小1本（100g）

セロリ…1/3本

マリネ液

- 塩…小さじ1/2
- こしょう…少々
- レモン汁…大さじ1/2
- オリーブ油…大さじ1 1/2

作り方

1　トマトは8等分のくし形に切る。セロリは薄切りにし、葉は小さくちぎる。たこは薄切りにする。

2　ボウルにマリネ液の材料を入れて混ぜ合わせ、1を加えてざっとあえる。

〈組み合わせたい料理〉

「メンチカツ」「ポークソテーバジルソース」

マリネなど作りおきできるものが副菜のときには、少し手間のかかる主菜にもチャレンジ！

ミニトマトの皮を湯むき。
このひと手間で、つるんとした舌触り。

トマトのだしびたし

ミニトマト

材料（2人分）
ミニトマト…1パック（200g）
ひたし地
―だし…1/2カップ
酒、みりん、しょうゆ
…各大さじ1/2
―塩…ひとつまみ

作り方
1　ミニトマトはヘタを取り、熱湯にさっとつけてすぐに冷水にとり、皮をむく（湯むき）。
2　鍋にひたし地の材料を入れて中火にかけ、煮立ったら火を止め、器に入れる。
3　**2**の粗熱がとれたら**1**をひたし、冷蔵庫で冷やす。

〈組み合わせたい料理〉
「カリカリ豚バラ肉のポン酢がけ」「青魚のカレー風味揚げ」

トマトを煮るのはカドが取れるくらいまで。
煮すぎるとくずれてソースになるので注意。

トマト麻婆

トマト

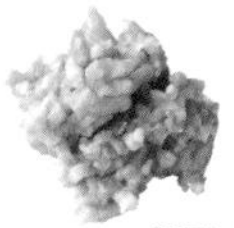

豚ひき肉

材料（2人分）

トマト…2個
豚ひき肉…100g
にんにく（みじん切り）…小さじ1
しょうが（みじん切り）…小さじ1
長ねぎ（みじん切り）…大さじ2
A 豆板醤《トウバンジャン》…小さじ1/2
　甜麺醤《テンメンジャン》…大さじ1
水…1/2カップ
B 酒、しょうゆ…各大さじ1
　砂糖…小さじ1
　こしょう…少々
水溶き片栗粉
　片栗粉…小さじ2
　水…小さじ4
サラダ油…大さじ1
ごま油…小さじ1

作り方

1　トマトは6〜8等分のくし形に切る。

2　フライパンにサラダ油を熱し、にんにく、しょうがを弱火で炒め、香りが出たらひき肉を強めの中火で炒める。透明な脂が出てきたら（よく炒めると臭みが抜ける）中央をあけ、Aを入れて炒め、香りが出たら分量の水を加えて強火にし、煮立ったらBを加える。

3　1を加えてひと煮し、長ねぎを加えて混ぜ、水溶き片栗粉でとろみをつけ、ごま油で香りをつける。

〈組み合わせたい料理〉
「鶏むね肉とねぎの卵炒め」「ささ身と香菜のサラダ」

調味料いらずのあえもの。
長いもはたたき割ると味がからみます。

長いもと貝割れ菜の明太あえ

長いも

貝割れ菜

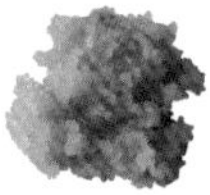

明太子

材料（2人分）
長いも…5cm長さ（200g）
貝割れ菜…1/2パック（25g）
辛子明太子…小1腹（50g）

作り方
1　長いもはポリ袋に入れ、めん棒などでたたいて割る。貝割れ菜は根元を切り落とし、長さを3～4等分に切る。明太子は薄皮を取り除く。
2　ボウルに1を入れ、ざっとあえる。味をみて足りなければ塩少々（分量外）をふる。

〈組み合わせたい料理〉
「鶏肉とれんこんの煮もの」「牛肉と青梗菜のオイスターソース炒め」

黒酢のツーンとしたカドを取るため、他の調味料より先に加熱します。

長いもとちくわの黒酢あん

長いも

ちくわ

材料（2人分）
長いも…5㎝長さ（200g）
ちくわ…2本
黒酢…大さじ1½
A
しょうゆ、砂糖…各大さじ1½
水…⅓カップ
片栗粉…小さじ1
塩…少々
サラダ油…大さじ1

作り方

1　長いもは皮つきのまま1㎝厚さの半月切りにする。ちくわは斜め4等分に切る。Aを混ぜ合わせる。

2　フライパンにサラダ油を熱し、長いもを中火で炒める。薄く焼き色がついたら塩をふり、ちくわを加えて炒め合わせる。

3　全体に油が回ったら黒酢を入れてひと炒めし、Aを加え、混ぜながら煮立ててとろみをつける。

〈組み合わせたい料理〉

「豚肉ともやしのザーサイ炒め」

「たらのレモンレンジ蒸し」

とろみづけにやや手間がかかる副菜なので、パパッとできる炒めものやレンジまかせの料理を。

なすをサラダにするときは、
塩もみしてアクと水分を抜きます。

塩もみなすとミントの
ヨーグルトドレッシング

なす

ミント

材料（2人分）

なす…2本
ミント…適量
塩…小さじ1（なすの重量の3％）
ヨーグルトドレッシング

- プレーンヨーグルト（無糖）…大さじ2
- レモン汁…小さじ1
- 粗びき黒こしょう…少々
- オリーブ油…大さじ1

作り方

1　なすは2～3㎜厚さの半月切りにし、水に10分ほどつけて水けをきる。ポリ袋に入れ、塩をふって袋の上からもみ、空気を抜いて2～3分おく。

2　ボウルにドレッシングの材料を入れて混ぜ、1の水けを絞って加える。飾り用のミントを取り分け、残りのミントをちぎって加え混ぜる。

3　器に盛り、飾り用のミントをちぎって散らす。

〈組み合わせたい料理〉
「ラムチョップのグリル焼き」
「鶏肉のタジン風トマト煮」

ふっくら蒸したなすに、カリカリじゃこの食感がリズミカル。

レンジ蒸しなすのあえもの

なす

ちりめんじゃこ

材料（2人分）

なす…4本（360g）

ちりめんじゃこ…15g

細ねぎ（小口切り）…1本

ポン酢しょうゆ

―しょうゆ、酢…各大さじ1

―砂糖…小さじ1

サラダ油…大さじ1

作り方

1　なすはヘタを落とし、上部に縦6〜8等分の切り込みを入れる。耐熱皿に並べ、ラップをかけて電子レンジで5〜6分加熱する。ラップをかけたまま冷まし、粗熱がとれたら切り込みに沿って細長く裂く。

2　小さめのフライパンにサラダ油を熱し、ちりめんじゃこを入れて弱めの中火で炒め、カリッと色づいたらペーパータオルにのせ、油をきる。

3　器に**1**を盛り、混ぜ合わせたポン酢しょうゆをかける。**2**をのせ、細ねぎを散らす。

〈組み合わせたい料理〉

「野菜の鶏肉巻き塩焼き」「豚肉とアスパラガスのカレー炒め」

香ばしくジューシーな焼きなす。エスニックだれで新鮮なおいしさに。

焼きなす エスニック風

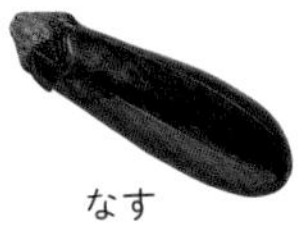

なす

香菜

材料（2人分）

なす…4本

香菜…2株（20g）

エスニックだれ

- ナンプラー…大さじ1/2
- レモン汁…小さじ1
- はちみつ…小さじ1/2

作り方

1 なすはヘタをつけたまま、縦に3〜4本切り込みを入れ、魚焼きグリルでときどき返しながら10〜15分焼く。中がやわらかくなったら皮をむき、ヘタを切り落として長さを3等分に切る。香菜はざく切りにする。

2 ボウルにたれの材料を入れて混ぜ、1を加えてあえる。

〈組み合わせたい料理〉

「かじきのエスニック焼き」「シンガポールチキンライス」

料理のジャンルをそろえてエスニック風のおかずにすると、相性ばっちり。

味が染みるのは冷めるとき。
そのままおいて味を含ませます。

なすの含め煮

なす

材料（2人分）

なす…4本

煮汁

- だし…$1\frac{1}{2}$カップ
- 酒、みりん…各大さじ$1\frac{1}{2}$
- しょうゆ、砂糖…各大さじ$\frac{1}{2}$
- 塩…小さじ$\frac{1}{2}$

作り方

1　なすはヘタを落とし、縦に1.5㎝幅の切り込みを入れ、水に10分ほどさらし、水けをきる。

2　鍋に煮汁の材料を入れて中火にかけ、煮立ったら**1**を入れ、落としぶたをして、途中で上下を返しながら中火で10～15分煮る。なすがくたっとやわらかくなったら火を止め、そのままおいて味を含ませる。

〈組み合わせたい料理〉
「いわしの梅じそフライ」「レンジ蒸し鶏のねぎ塩だれ」

じっくり炒めてやわらかくなったなす。相性のいいピーマンとみそ味に仕上げて。

なすとピーマンのみそ炒め

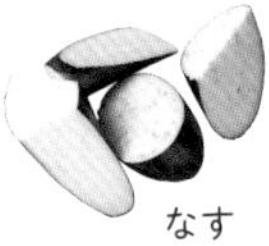

なす

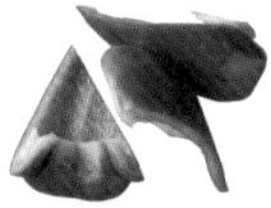

ピーマン

材料（2人分）
なす…4本
ピーマン…2個
赤唐辛子（種を取る）…1本
合わせ調味料
酒、みりん、みそ
…各大さじ$1\frac{1}{2}$
砂糖、しょうゆ…各小さじ1
ごま油…大さじ2

作り方

1　なすは大きめの乱切りにする。ピーマンは縦半分に切ってヘタと種を取り除き、ひと口大の乱切りにする。合わせ調味料の材料を混ぜ合わせる。

2　フライパンにごま油、赤唐辛子を入れて弱火で炒め、香りが出たらなすを入れ、強めの中火で5〜6分炒める。しんなりしたらピーマンを加え、さらに2〜3分炒める。

3　なすがやわらかくなったら合わせ調味料を加え、汁けがなくなるまで炒め煮にする。

〈組み合わせたい料理〉「豚しゃぶサラダ」「鶏もも肉のグリル焼き」

なすにはさんだめかじきがジューシー。

魚にしっかり下味をつけるのがコツ。

なすのめかじきはさみ揚げ

なす

めかじき

材料（2人分）
- なす…3本
- めかじき…大1切れ（120g）
- A
  - おろししょうが…小さじ1/2
  - 酒、しょうゆ…各小さじ2
- 小麦粉…少々
- 衣
  - 小麦粉…50g
  - 冷水…60mℓ
- 揚げ油、粗塩…各適量

作り方

1 めかじきはなすの大きさに合わせて2～3㎜厚さのそぎ切りにし、Aをからめて10分ほどおく。なすはヘタを落とし、縦半分に切り、厚みに1本深い切り込みを入れる。

2 めかじきの汁けを拭き、小麦粉をまぶし、なすの切り込みにはさむ。衣の材料は混ぜる。

3 なすに衣をからめ、170℃の揚げ油に入れ、表面が固まったら返しながら3～4分揚げる。器に盛り、粗塩をふる。

〈組み合わせたい料理〉

「ひき肉入りいり豆腐」「豚汁」

ボリューム副菜には、中ぐらいの（重たすぎない）おかずを。

もうおなじみの韓国のあえもの、ナムル。
リボン状に薄くそいだら、食感も新鮮。

にんじんのナムル

にんじん

材料（2人分）
にんじん…1本
塩…小さじ$\frac{1}{4}$
あえ衣
―白すりごま、ごま油
…各大さじ$\frac{1}{2}$
―おろしにんにく、塩…各少々

作り方

1　にんじんはピーラーで5㎜幅のリボン状にそぐ。ボウルに入れ、塩をふって10分ほどおき、水けを絞る。

2　ボウルにあえ衣の材料を入れて混ぜ合わせ、1を加えてあえる。

〈組み合わせたい料理〉
「サムギョプサル」「たらとにらのコチュジャン煮」

にんじんシリシリ

にんじんはスライサーで凹凸をつけると、味がよくからみます。ツナは缶汁ごと加えて。

にんじん

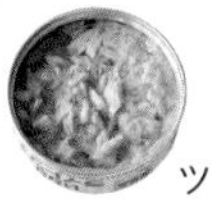

ツナ缶

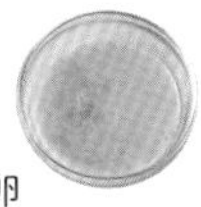

卵

材料（2人分）

にんじん…大1本

ツナ缶（オイル漬け）…1缶（70g）

卵…1個

塩…小さじ1/4

こしょう…少々

サラダ油…大さじ1/2

作り方

1　にんじんはスライサーでせん切りにする。卵を溶きほぐす。

2　フライパンにサラダ油を熱し、にんじんを入れてしんなりするまで中火で2分ほど炒める。

3　ツナを缶汁ごと加えて炒め合わせる。全体に混ざったら溶き卵を加えていり卵状になるまで炒め合わせ、塩、こしょうで調味する。

〈組み合わせたい料理〉

「ズッキーニの豚肉巻き焼き」

「豚天」

沖縄料理には、豚肉のおかずがベストマッチ。

のりを使った、香りのよいあえもの。
味が薄まらないよう、
白菜の水けをよく絞ります。

白菜ののりあえ

白菜

焼きのり

材料（2人分）
白菜…1/8個（300g）
あえ衣
―焼きのり…全形1/2枚
塩…小さじ1/4
ごま油…大さじ1/2

作り方
1　白菜は3cm大に切る。耐熱容器に入れ、ラップをかけて電子レンジで約6分加熱する。白菜の軸がやわらかくなったら、ざるに広げ、粗熱がとれたら水けを絞る。
2　ボウルに1を入れ、あえ衣の塩、ごま油、焼きのりをちぎって加え、あえる。

〈組み合わせたい料理〉
「豚肉ときくらげの卵炒め」「さば缶バーグ」

アツアツの油を白菜にジャッ！
花椒やごま油のいい香りを移します。

ラーパーツァイ

白菜

材料（2人分）
白菜…1/8個（300g）
塩…大さじ1/2
しょうが（せん切り）…1かけ
つけ汁
ごま油…大さじ1/2
花椒《ホワジャオ》…小さじ1
赤唐辛子（種を取る）…小1本
酢…大さじ1 1/2
砂糖…大さじ1

作り方
1　白菜は軸と葉に分け、軸は縦半分にして3cm長さに切る。葉は軸より大きめのひと口大に切る。ポリ袋に入れ、塩を加えて袋ごとふって全体にまぶし、袋の上からもむ。空気を抜いて密閉し、しんなりするまで1時間ほどおく。
2　小鍋につけ汁のごま油、花椒、赤唐辛子を入れて弱火で炒め、香りが出たら（焦げる寸前）火を止め、酢と砂糖を加えて混ぜる。
3　1の水けを絞ってボウルに入れ、しょうがをのせ、2をかける。すぐに落としラップをして香りを逃がさないようにし、20～30分おく。

〈組み合わせたい料理〉
「肉だんごと春雨のしょうゆ煮」「牛肉とブロッコリーのオイスターソース炒め」

生の白菜を楽しむサラダ。
横薄切りにするとほどよい食感に。

白菜とりんごのサラダ

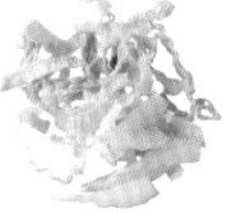
白菜

りんご

材料（2人分）
- 白菜…1〜2枚（150g）
- りんご…1/4個
- フレンチドレッシング
  - 塩…小さじ1/3
  - こしょう…少々
  - 酢…大さじ1
  - サラダ油…大さじ1 1/2

作り方

1　白菜は縦半分に切り、軸の部分は横に薄切りにし、葉は5㎜幅に切る。りんごは皮つきのまま2〜3等分のくし形切りにし、横に2〜3㎜厚さに切り、水にさっと通して水けをきる。

2　ボウルにドレッシングの材料を混ぜ合わせ、1を加えてあえる。

〈組み合わせたい料理〉
「かきフライ」「鶏肉のから揚げチリソース」

ベーコンのうまみを吸った白菜が美味。上にのせて、じわじわと味を移します。

白菜とベーコンの蒸し煮

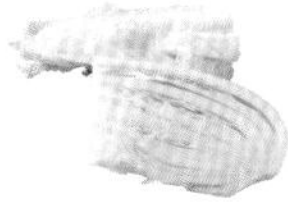

白菜

ベーコン

材料（2人分）

白菜…1/8個（300g）

ベーコン…4枚（60g）

水…1/4カップ

塩…小さじ1/4

こしょう…少々

作り方

1 白菜は芯をつけたまま長さを半分に切る。ベーコンは長さを半分に切る。

2 フライパンに白菜を入れてベーコンをのせ、分量の水、塩、こしょうを加え、ふたをして弱火にかける。煮立って水分が出てきたら弱めの中火にして10〜15分、白菜がくたっとするまで蒸し煮にする。

〈組み合わせたい料理〉

「鶏むね肉のしょうがじょうゆ焼き」「ボンゴレ・ロッソ」

ピーマンは煮すぎないよう注意。
筋っぽくなるのを防げます。

ピーマンのくたくた煮

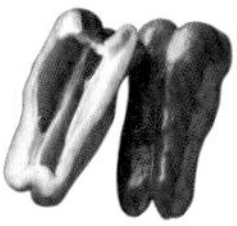

ピーマン

食べる煮干し

材料（2人分）
ピーマン…7〜8個
食べる煮干し…5g
煮汁
―水…1/4カップ
　酒、みりん、しょうゆ
　…各大さじ1

作り方
1　ピーマンは縦半分に切り、種とヘタを取り除く。
2　フライパン（直径22cm）に煮汁の材料を入れて中火にかけ、煮立ったら**1**、煮干しを入れ、落としぶたをしてときどき混ぜながら弱めの中火で10〜15分煮る。ピーマンがくたくたになっても煮汁があるようなら、火を強めて煮飛ばす。

〈組み合わせたい料理〉
「鶏もも肉の七味グリル焼き」
「牛肉となすのナンプラー炒め」

パプリカは皮をむくとフルーツのよう。焦げ目がつくまで焼き、薄皮をむきます。

パプリカのマリネ

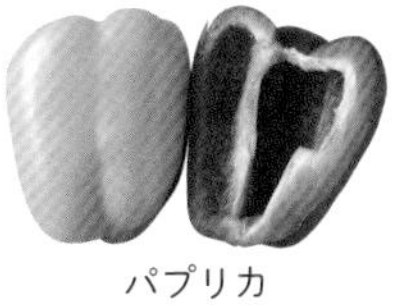

パプリカ

材料（2人分）

赤パプリカ…1個

黄パプリカ…1個

マリネ液

- オリーブ油…大さじ1
- 塩…小さじ$1/3$
- こしょう…少々

作り方

1　パプリカは縦半分に切り、種とヘタを取り除く。オーブントースターに皮目を上にして並べ、皮に焦げ目がつくまで10～15分焼く。

2　**1**の薄皮をむき、縦半分に切り、水けを拭く。

3　バットなどにマリネ液の材料を入れて混ぜ、**2**を漬ける。漬けた直後から食べられる。

〈組み合わせたい料理〉

「たらのにんにくバター焼き（オーブントースター）」「鶏もも肉とじゃがいものフライパン蒸し焼き」

マリネは先に作り、冷やしておく。

おいしさのコツは、横薄切りにすること。
食感が残る程度にレンジ加熱します。

レンチンピーマンの桜えび＆ごま油がけ

ピーマン

桜えび

材料（2人分）
ピーマン…4個（160g）
桜えび…5g
塩…小さじ1/3
ごま油…大さじ1

作り方
1　ピーマンは縦半分に切って種とヘタを取り除き、横5㎜幅に切る。耐熱容器に入れ、ラップをかけて電子レンジで約2分30秒加熱する。
2　1に桜えび、塩、ごま油を加え、混ぜる。

〈組み合わせたい料理〉
「鮭の焼きびたし」「豚肉と長いものみそ炒め」

味の決め手は、多めの黒こしょう。
油で炒めて香りと辛みを引き出します。

ピーマンと牛肉の黒こしょう炒め

ピーマン

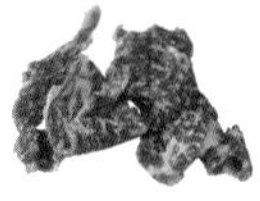

牛切り落とし肉

材料（2人分）

ピーマン…6個
牛切り落とし肉…100g
しょうが（薄切り）…1/2かけ
A
—酒、しょうゆ、片栗粉
…各小さじ1
合わせ調味料
—酒…大さじ1
—しょうゆ…小さじ1
—砂糖…小さじ1/2
粗びき黒こしょう…小さじ1/4
塩…少々
サラダ油…大さじ1

作り方

1 ピーマンはヘタと種を取り除き、乱切りにする。牛肉はひと口大に切り、Aを順にもみ込む。合わせ調味料は混ぜる。

2 フライパンにサラダ油、粗びき黒こしょうを入れて弱火で炒め、香りが出たらしょうが、ピーマンを入れて中火で5分炒める。ピーマンに火が通ったら塩をふって端に寄せ、空いているところに牛肉を入れて炒める。

3 肉の色が変わったらピーマンと混ぜ、合わせ調味料を加え、炒め合わせる。

〈組み合わせたい料理〉
「ソーセージとじゃがいものボイルサラダ」「まぐろとサニーレタスのサラダ」

大きいままのブロッコリーはメイン級！
たっぷりのソースをつけてどうぞ。

ゆでブロッコリーのバーニャカウダ風

ブロッコリー

アンチョビー

材料（2人分）

ブロッコリー…1個（300g）

バーニャカウダソース

アンチョビー（みじん切り）…3枚

マヨネーズ…大さじ4

にんにく（すりおろし）、

こしょう…各少々

作り方

1　ブロッコリーは縦半分に切る。塩少々（分量外）を入れたたっぷりの熱湯に入れ、4〜5分、竹ぐしがスーッと通るまでゆで、ざるに上げる。

2　ボウルにバーニャカウダソースの材料を入れ、混ぜる。

3　器に**1**を1人分ずつ盛り、**2**を添える。

〈組み合わせたい料理〉

「ラムチョップのパセリパン粉焼き」「白身魚のチーズ焼き」

ブロッコリーを包み込むとろろ昆布。
煮汁、トッピングの両方に使います。

ブロッコリーととろろ昆布のだしびたし

ブロッコリー

とろろ昆布

材料（2人分）
ブロッコリー…1個（300g）
とろろ昆布…5g
ひたし地
―だし…1カップ
酒、みりん、しょうゆ
…各大さじ1½

作り方
1　ひたし地の材料を入れて中火にかけ、ひと煮する。
2　ブロッコリーは小房に分け、大きいものは半分に切る。茎は厚めに皮をむき、1㎝厚さの輪切りにする。塩少々（分量外）を加えた熱湯に茎を入れ、ひと呼吸おいてつぼみ部分を加え、3～4分ゆでて色鮮やかになったら、ざるに上げる。
3　1に2、とろろ昆布の半量を加え、からめる。器に盛り、とろろ昆布の残りをのせる。

〈組み合わせたい料理〉
「鶏むね肉ときのこのしょうが塩炒め」「さわらのみそ照り焼き」

チーズ衣でおつまみ仕様に。
衣に油を入れると、カラリと揚がります。

ブロッコリーのフリット

ブロッコリー

材料（2人分）

ブロッコリー…1/2個（150g）

衣

- 小麦粉…60g
- ベーキングパウダー…小さじ1/2
- 塩…少々
- 冷水…1/2カップ
- サラダ油…大さじ1/2
- パルメザンチーズ…大さじ2

小麦粉…少々

揚げ油…適量

塩（好みで）…少々

作り方

1 ブロッコリーは小房に分ける。茎は皮を厚めにむいて縦半分に切り、3～4cm長さに切る。

2 ボウルに衣の材料を順に入れ、混ぜ合わせる。

3 1に小麦粉を薄くまぶし、2の衣をからめて170℃の揚げ油に入れ、色よくカリッとするまで3～4分揚げる。好みで塩をつけて食べる。

〈組み合わせたい料理〉
アツアツを食べたいので、作っておける「セビーチェ」などのマリネや「ハムステーキ パイナップル添え」

ブロッコリーとかにかまの卵炒め

くったりと煮たブロッコリーとふんわり卵。この2つがおいしさのポイント。

ブロッコリー

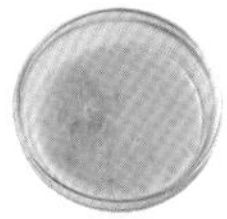
卵

かに風味かまぼこ

材料（2人分）
ブロッコリー…1個（300g）
かに風味かまぼこ…6本（60g）
卵…2個
水…1カップ
A
―酒…大さじ1/2
―塩…小さじ1/2
水溶き片栗粉
―片栗粉…小さじ1
―水…小さじ2
サラダ油…大さじ1/2

作り方
1　ブロッコリーは小房に分け、大きいものは半分に切る。茎は皮を厚めにむき、5㎜厚さの輪切りにする。かにかまはほぐす。
2　フライパンにサラダ油を熱し、ブロッコリーを入れて中火でさっと炒め、分量の水を加え、煮立ったらふたをして5～6分煮る。Aで調味し、水溶き片栗粉でとろみをつける。
3　かにかまを加えてひと煮し、溶きほぐした卵を流し入れ、大きく混ぜて半熟に仕上げる。

〈組み合わせたい料理〉
「レンジ蒸し鶏とにんじんのごまだれあえ」「ねぎの豚ロース巻き焼き」

ゆでるのも、炒めるのもさっと！
バターとベーコンでおいしさアップ。

ほうれん草とベーコンのバター炒め

ほうれん草

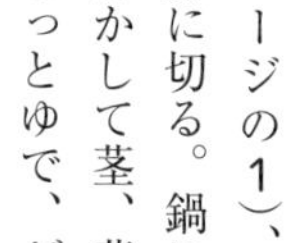
ベーコン

材料（2人分）
ほうれん草…1束（200g）
ベーコン…2枚（30g）
塩、こしょう…各少々
バター…大さじ1

作り方
1 ほうれん草は下処理し（13ページの1）、長さを2〜3等分に切る。鍋にたっぷりの湯を沸かして茎、葉先の順に入れてさっとゆで、ざるに上げて水けをしっかり絞る。ベーコンは2cm幅に切る。
2 フライパンにバターを溶かし、ベーコンを入れて中火でさっと炒め、ほうれん草をほぐし入れて炒め合わせ、塩、こしょうで調味する。

〈組み合わせたい料理〉
「あじと玉ねぎのチーズパン粉焼き」「ミートボールのトマト煮」

甘めのそぼろと、しょうがだれ。
ほうれん草、トマトと混ぜて召し上がれ。

ゆでほうれん草とトマトのそぼろポン酢

ほうれん草

トマト

豚ひき肉

材料（2人分）
ほうれん草…1束（200g）
トマト…1個
そぼろ
- 豚ひき肉…100g
- 酒、砂糖、しょうゆ…各小さじ2

しょうが入りポン酢
- しょうゆ…大さじ1
- 酢…大さじ2/3
- しょうが（すりおろし）…小さじ1

ごま油…小さじ1

作り方

1 ほうれん草は下処理して切ってゆで（13ページの1、2）、粗熱をとる。トマトは1cm角に切る。しょうが入りポン酢の材料は混ぜ合わせる。

2 フライパンにそぼろの材料を入れて中火にかけ、菜箸3〜4本で混ぜながら色が変わり汁けがなくなるまでいりつける。

3 ほうれん草の水けを絞って器に盛り、トマト、2の順にのせ、しょうが入りポン酢をかける。

〈組み合わせたい料理〉
「鮭と白菜のみそ煮」「鶏もも肉のゆずこしょう焼き」

ゆでもやしはレンジ加熱がおすすめ。
水っぽくなく、シャキシャキ！

もやしときゅうりのナムル

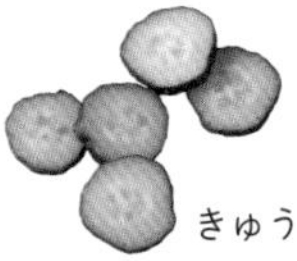

材料（2人分）
もやし…1袋
きゅうり…1本
塩…少々
あえ衣
長ねぎ（みじん切り）…大さじ2
白すりごま、ごま油
…各大さじ1
塩…小さじ2/3
にんにく（すりおろす）…少々

作り方

1　もやしはひげ根を取り、耐熱容器に入れ、ラップをかけて電子レンジで3分加熱する。ざるに広げて水けをきり、粗熱をとる。きゅうりは2㎜厚さの小口切りにし、塩をふって5分ほどおき、しんなりしたら水けを絞る。

2　ボウルにあえ衣の材料を入れて混ぜ合わせ、1を加えてあえる。

〈組み合わせたい料理〉
「手羽元とかぶの煮もの」「豚こまと小松菜の卵とじ」

淡泊な味のもやしと厚揚げは、
カレー味でパンチを利かせて。

もやしと厚揚げのカレー炒め

もやし

厚揚げ

材料（2人分）

もやし…1袋

厚揚げ…小1枚（150g）

カレー粉…小さじ1

A

―酒…大さじ1/2

しょうゆ…大さじ1

―砂糖…小さじ1/2

塩、こしょう…各少々

サラダ油…大さじ1

作り方

1　もやしはひげ根を取る。厚揚げは熱湯にさっと通してざるに上げ、ペーパータオルで水けを拭く。

2　フライパンにサラダ油を熱し、厚揚げをひと口大にちぎって入れ、返しながら中火で焼く。表面に焼き色がついたらもやしを加え、強めの中火で炒める。

3　もやしに火が通ったらカレー粉をふり、香りが出たら、Aを順に加えて炒め合わせる。

〈組み合わせたい料理〉

「ちくわの磯辺揚げ」「鶏肉とささがきごぼうのあっさり煮」

さっと炒めたレタスのしなシャキ感！
しょうゆ、削り節でうまみをプラス。

レタスのおかか炒め

レタス

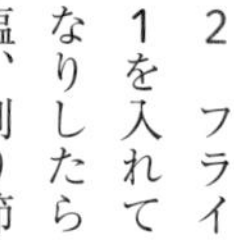
削り節

材料（2人分）
レタス…1個（300g）
削り節…1袋（3g）
しょうゆ…大さじ1
塩…少々
ごま油…大さじ1

作り方
1　レタスは大きめにちぎる。
2　フライパンにごま油を熱し、1を入れて強火で炒める。しんなりしたらしょうゆを回し入れ、塩、削り節をふって炒める。

〈組み合わせたい料理〉
「豚肉の甜面醤《テンメンジャン》焼き（フライパン焼き）」「シューマイ」

せん切りレタスはシャキシャキ！
クレソン、レモンドレッシングで大人味。

レタスとクレソンの レモンドレッシングサラダ

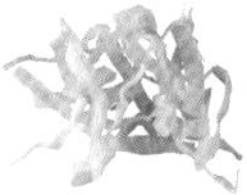
レタス

クレソン

レモン

作り方

1　レタスはせん切りにする。クレソンは葉を摘み、茎は3～4cm長さに切る。レモンの輪切りは放射状に8等分に切る。

2　ボウルにドレッシングの材料を入れ、混ぜ合わせる。

3　2に1を加え、あえる。

材料（2人分）

レタス…1/2個（150g）
クレソン…1束
レモン（国産・薄い輪切り）…3枚
レモンドレッシング
　塩…小さじ1/3
　こしょう…少々
　レモン汁…大さじ2/3
　サラダ油…大さじ2

〈組み合わせたい料理〉
「マカロニグラタン」「ビーフストロガノフ」

さわやかな歯触りのロメインレタス。
半熟卵の黄身をからめていただきます。

ロメインレタスのシーザーサラダ

ロメインレタス

卵

材料（2人分）

ロメインレタス…3〜4枚（150g）
卵…1個
パルミジャーノ・レッジャーノ（すりおろす）…10g
シーザードレッシング
- にんにく（すりおろし）…少々
- フレンチマスタード…大さじ1
- 塩…小さじ1/3
- こしょう…少々
- レモン汁…大さじ1/2
- オリーブ油…大さじ1 1/2

作り方

1 卵は沸騰した湯に入れ、7分ゆでて水にとり、殻をむく。
2 ロメインレタスはひと口大にちぎる。
3 ボウルにドレッシングの材料を入れ、混ぜ合わせる。
4 器にロメインレタスを盛り、2の卵を手で割ってのせる。3をかけ、チーズをふる。

〈組み合わせたい料理〉
「ピーマンの肉詰め」「あじフライ」

少ない水分とオイルで蒸し、
素材のおいしさを引き出します。

ロメインレタスのオイル蒸し

ロメインレタス

生ハム

材料（2人分）
ロメインレタス…1/2個（200g）
生ハム…30g
水…1/4カップ
オリーブ油…大さじ1
こしょう…少々
粗塩（好みで）…少々

作り方
1　ロメインレタスは縦半分に切り、葉の間に生ハムを半量ずつはさむ。
2　フライパンに1を入れ、分量の水、オリーブ油、こしょうを加え、ふたをして弱めの中火で5～6分蒸し煮にする。ロメインレタスのカサが減り、くたっとしたらでき上がり。器に盛り、好みで粗塩をふる。

〈組み合わせたい料理〉
「ツナときのこの皮なしキッシュ」「ミートローフ」

れんこんの持ち味は、独特の歯ごたえ。
少し太めに切ることでホクッ、コリッ！

れんこんのアーリオオーリオ

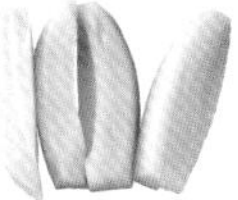
れんこん

オリーブ

材料（2人分）
れんこん…1節（200g）
黒オリーブ（スライス）…30g
にんにく（つぶす）…1かけ
赤唐辛子（1㎝幅の輪切り）…1本
塩…小さじ1/4
こしょう…少々
オリーブ油…大さじ1

作り方
1　れんこんは5〜6㎝長さ、1㎝幅の棒状に切り、さっと水に通して水けをきる。
2　フライパンにオリーブ油、にんにく、赤唐辛子を入れて弱火で炒め、香りが出たら1、黒オリーブを加えて中火で3〜4分炒める。
3　れんこんが透き通ってきたら塩、こしょうで調味する。

〈組み合わせたい料理〉
「白身魚のアクアパッツァ（鯛、たら、すずきなど）」「鶏もも肉のグリル焼き　サルサソース」

シャキシャキ感を残したゆでれんこん。豚肉と合わせ、食感の違いを楽しみます。

れんこんと豚しゃぶの梅肉あえ

れんこん

豚ロース肉

梅干し

材料（2人分）

れんこん…1節（200g）

豚ロース肉（しゃぶしゃぶ用）…100g

梅肉衣

- 梅干し…1～2個
- 酒、しょうゆ…各小さじ1
- 砂糖…大さじ1/2
- 水…大さじ2

作り方

1　れんこんは2㎜厚さの輪切りにし、大きいものはいちょう切りにし、さっと水に通し水けをきる。

2　鍋に湯を沸かし、豚肉を1枚ずつ入れてゆでる。色が変わったら冷水にとり、粗熱がとれたら水けをきり、大きいものは半分に切る。同じ熱湯に酢、塩各少々（各分量外）を入れ、れんこんを加えて2～3分ゆで、ざるに上げて粗熱をとる。

3　梅肉衣を作る。梅干しは種を取り除き、包丁でたたいて細かくする。大さじ1をボウルに入れ、残りの材料でのばす。2を加え、あえる。

〈組み合わせたい料理〉

「ひき肉と豆腐の香味炒め」「さばと細ねぎの煮つけ」

バターじょうゆで香ばしく！
豆腐は焦げ色がつくまで炒めます。

かみなり豆腐

木綿豆腐

長ねぎ

削り節

材料（2人分）
木綿豆腐…1丁（300g）
長ねぎ…1本
A
　しょうゆ…大さじ1
　砂糖…小さじ1
　バター…大さじ1
サラダ油…大さじ$1/2$
削り節…1パック（3g）

作り方

1　豆腐は厚みを半分に切り、ペーパータオルで包んで10分ほどおいて水きりをする。長ねぎは5㎜厚さの小口切りにする。

2　フライパンにサラダ油を熱し、豆腐を入れて強火でくずしながら5分ほど炒める。水分が飛んでまわりに焦げ目がついたら長ねぎを加え、炒め合わせる。

3　長ねぎがしんなりしたら、Aを順に加え、香りが出たら削り節をふり、ひと混ぜする。

〈組み合わせたい料理〉

「豚こまとキャベツのさっと煮」「豚肉ソテーとサラダほうれん草のサラダ 辛子ドレッシング」

野菜とたんぱく質を一緒に食べられるおかずを組み合わせて。

おいしさの秘密はドレッシング。ごま、しょうゆ入りマヨネーズが後を引きます。

豆腐とミニトマトと水菜のサラダ

材料（2人分）

- 絹ごし豆腐…1丁（300g）
- ミニトマト…8～10個
- 水菜…1/4束（50g）
- ちりめんじゃこ…大さじ2
- 白いりごま…小さじ2
- ごまマヨドレッシング
  - しょうゆ、マヨネーズ…各大さじ1
  - 白すりごま…大さじ1/2
  - はちみつ、酢…各小さじ1

作り方

1 豆腐はペーパータオルで包んで軽く水きりをし、2cm角に切る。ミニトマトはヘタを取って半分に切る。水菜は3cm長さに切る。

2 ボウルにごまマヨドレッシングの材料を入れ、混ぜる。

3 器に1を彩りよく盛り、ちりめんじゃこ、白いりごまをふり、2をかける。

〈組み合わせたい料理〉
「もやしハンバーグ おろしポン酢」「牛肉とねぎのしぐれ煮」

バジルソースの青じそ版ソースをたっぷりかけて、厚揚げを格上げ。

焼き厚揚げの青じそソースがけ

厚揚げ

青じそ

材料（2人分）

厚揚げ…1枚（200g）

青じそソース

- 青じそ…10枚
- にんにく（すりおろす）…小さじ1/4
- 塩…ひとつまみ
- こしょう…少々
- オリーブ油…大さじ1 1/2

作り方

1 厚揚げはペーパータオルではさんで油を拭き取り、オーブントースターで6〜8分焼いて中まで熱くする。

2 青じそはみじん切りにし、ボウルに入れて残りのソースの材料を加え、混ぜる。

3 1を食べやすく切り、器に盛って2をかける。

〈組み合わせたい料理〉
「豚肉とにらの卵炒め」「カレー肉じゃが」

水きりいらずの厚揚げで作ります。

少し甘みをつけると、ご飯が進む味に。

家常《ジャーチャン》豆腐風

厚揚げ

生しいたけ

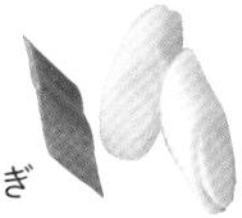
長ねぎ

材料（2人分）
厚揚げ…1枚（200g）
生しいたけ…4枚
長ねぎ…1本
しょうが（薄切り）…1/2かけ
合わせ調味料
―酒、しょうゆ…各大さじ1
―砂糖…小さじ1
サラダ油…大さじ1

作り方
1　厚揚げはペーパータオルではさんで油を拭き取り、縦半分に切って1.5cm幅に切る。長ねぎは1cm幅の斜め切りにし、しいたけは石づきを落として1cm厚さのそぎ切りにする。合わせ調味料は混ぜ合わせる。
2　フライパンにサラダ油を熱し、厚揚げを入れて中火で1～2分焼き、返して1～2分焼く。
3　厚揚げを端に寄せ、しょうが、しいたけを入れて中火でさっと炒める。長ねぎを加えて2分ほど炒め、しんなりしたら合わせ調味料を加えて手早く炒め合わせる。

〈組み合わせたい料理〉

「たらとわかめのあっさり煮」

「豚こまと小松菜のさっと煮」

厚揚げの副菜には、野菜入りの中ぐらいのボリュームの主菜を組み合わせて。

香ばしく焼いてちぎった油揚げ。
塩昆布、貝割れ菜と混ぜるだけで完成。

カリカリ油揚げと貝割れ菜の塩昆布あえ

油揚げ

貝割れ菜

塩昆布

材料（2人分）
油揚げ…1枚
貝割れ菜…1パック（50g）
塩昆布…4g

作り方
1　油揚げはペーパータオルにはさんで油を拭き取る。熱したフライパンに入れ、弱火で両面を5分ずつ焼いてカリッとさせ、粗熱がとれたらちぎる。貝割れ菜は根元を切り落とし、長さを半分に切る。
2　ボウルに**1**と塩昆布を入れ、混ぜる。

〈組み合わせたい料理〉
「牛肉とさつまいものきんぴら」「豚こまとれんこんのしょうゆ蒸し煮」

ほどよい辛さで箸が進む！
シャキシャキ玉ねぎがさわやか。

油揚げとさらし玉ねぎの辛子酢あえ

油揚げ

玉ねぎ

材料（2人分）

油揚げ…1枚
玉ねぎ…$\frac{1}{2}$個
辛子酢
―練り辛子、砂糖…各小さじ$\frac{1}{2}$
酢…大さじ$\frac{2}{3}$
しょうゆ…小さじ1
―塩…ひとつまみ

作り方

1　油揚げは熱湯でさっとゆでて油抜きをし、水けをきる。縦半分に切って横5㎜幅の細切りにする。玉ねぎは薄切りにし、水にさらして水けを絞る。

2　ボウルに練り辛子を入れ、酢、しょうゆを少しずつ加えてのばし、砂糖、塩を加えて混ぜ合わせる。

3　2に1を加え、あえる。

〈組み合わせたい料理〉
「えびと長いもの塩炒め」「鶏肉とブロッコリーのしょうゆ炒め」

油揚げに甘めの煮汁を含ませ、
トマトの酸味でさっぱりと！

油揚げとトマトの卵とじ

油揚げ

トマト

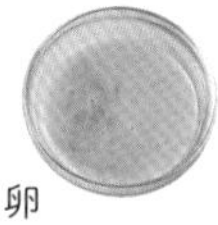

卵

材料（2人分）
油揚げ…1枚
トマト…1個
卵…2個
煮汁
- だし…$\frac{1}{4}$カップ
- 酒、みりん、しょうゆ…各大さじ1$\frac{1}{2}$
- 砂糖…大さじ$\frac{2}{3}$

作り方

1 油揚げは熱湯でさっとゆでて油抜きをし、縦半分に切って5等分の正方形に切る。トマトは6～8等分のくし形切りにし、横半分に切る。卵は溶きほぐす。

2 フライパンに煮汁の材料を入れて中火で煮立て、油揚げを入れ、再び煮立ってから1分ほど煮る。トマトを加えて1～2分煮る。弱めの中火にして卵を流し入れてそっと混ぜ、ふたをして好みの加減に火を通す。

〈組み合わせたい料理〉
「鮭ときのこのホイル焼き」「レンジ蒸し鶏と水菜のゆずこしょうサラダ」

油揚げとかぶのオイスターソース炒め

油揚げに甘めの味つけがマッチ。おいしさがジュワッと広がります。

油揚げ

かぶ

材料（2人分）
油揚げ…2枚　かぶ…3個
合わせ調味料
オイスターソース、水
…各大さじ1
酒…大さじ1/2
しょうゆ…小さじ1
砂糖、片栗粉、ごま油
…各小さじ1/2
こしょう…少々
サラダ油…大さじ1

作り方
1　油揚げはペーパータオルではさんで油を拭き取り、8等分の三角形に切る。かぶは茎2㎝を残して葉先を落とし、縦半分に切って5㎜厚さに切る。葉先は3〜4㎝長さに切る。合わせ調味料は混ぜ合わせる。
2　フライパンにサラダ油を熱し、かぶを並べて2〜3分中火で炒め、油揚げを加えて返しながら4〜5分炒める。かぶに焼き色がつき、竹ぐしが通るくらいやわらかくなったら、かぶの葉先を加えて炒め合わせる。
3　合わせ調味料を加え、全体に炒め合わせる。

〈組み合わせたい料理〉
「アスパラガスの塩そぼろあん」「オクラの豚肉巻き焼き」

切り干し大根の歯ごたえを楽しむサラダ。ピリッとした辛さがクセになります。

切り干し大根とパセリのメキシカンサラダ

切り干し大根

パセリ

材料（2人分）

切り干し大根（乾燥）…40g

パセリ（みじん切り）…大さじ1

チリドレッシング

- チリパウダー…小さじ1/2
- 塩…小さじ1/3
- こしょう…少々
- レモン汁…大さじ1
- 水…大さじ2
- オリーブ油…大さじ1 1/2

作り方

1　切り干し大根はざっと水洗いし、熱湯をかけてもどし、水けを絞ってざく切りにする。

2　ボウルにドレッシングの材料を入れ、混ぜ合わせる。

3　2に1を入れ、パセリを加えてあえる。

〈組み合わせたい料理〉

「えびマヨ」「豚肉とカラフルピーマンの塩炒め」

切り干し大根のコリコリ食感と
桜えびのうまみがおいしさの秘密。

台湾風卵焼き

切り干し大根

細ねぎ

卵

桜えび

材料（2人分）

切り干し大根（乾燥）…20g
細ねぎ…1/4束（25g）
卵…2個
桜えび…3g
塩…少々
酒…大さじ1/2
ごま油…大さじ2

作り方

1　切り干し大根は水洗いして10分ほど水につけてもどし、水けを絞ってざく切りにする。細ねぎは4～5cm長さに切る。卵は割りほぐし、塩をふって混ぜ合わせる。

2　フライパン（直径22cm）にごま油大さじ1を熱し、切り干し大根を入れて弱めの中火で炒める。油が回ったら酒を入れ、ふたをして1分ほど蒸し煮にする。細ねぎを加えて炒め、しんなりしたら桜えびを加えてさっと炒める。

3　2のフライパンにごま油大さじ1を足し、卵液を流し入れて全体を大きく混ぜ、1～2分焼く。焼き色がついたら返し、もう片面も1分ほど焼く。

〈組み合わせたい料理〉
「牛肉のエスニックサラダ」「鶏肉とズッキーニの香味炒め」

タイの春雨サラダ。先に春雨だけに
しっかり味をつけるのがおいしさのカギ。

ヤムウンセン

春雨

むきえび

紫玉ねぎ

香菜

材料（2人分）

春雨（乾燥）…50g
むきえび…8～10尾（100g）
紫玉ねぎ…1/4個
香菜…2株（20g）
ピーナッツ（刻む）…10粒
たれ
- 赤唐辛子（みじん切り）…1本
- 香菜の根（小口切り）…1株分
- ナンプラー、レモン汁、砂糖…各大さじ1

作り方

1　春雨は袋の表示通りにもどし、食べやすい長さに切る。紫玉ねぎは薄切り、香菜は3㎝長さに切り、根は小口切りにする。むきえびはあれば背ワタを取り、さっと洗って水けを拭く。

2　ボウルにたれの材料を入れ、混ぜ合わせる。

3　鍋に湯を沸かして塩少々（分量外）を加え、春雨を20秒ほどゆでてざるに上げ、水けをきって2に加える。同じ湯にむきえびを入れてゆで、火が通ったらざるに上げて水けをきり、2に加える。紫玉ねぎ、香菜、ピーナッツも加え、あえる。

〈組み合わせたい料理〉
「エスニック焼きとり」「肉だんごと厚揚げのエスニック焼き」

ひき肉にしっかり味をつけておき、
炒め合わせる、手軽な方法にアレンジ。

チャプチェ風

春雨

にんじん

ピーマン

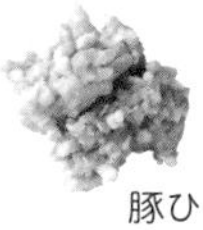
豚ひき肉

材料（2人分）
春雨（乾燥）…50g
豚ひき肉…100g
にんじん…1/2本
ピーマン…2個
A
―砂糖、しょうゆ…各小さじ1
にんにく（すりおろし）…少々
―こしょう…少々
合わせ調味料
―砂糖、しょうゆ…各大さじ1
―塩、こしょう…各少々
ごま油…大さじ1
白すりごま…大さじ1

作り方

1 春雨は袋の表示通りにもどし、食べやすい長さに切る。にんじんはせん切り、ピーマンは種とヘタを取って縦細切りにする。豚ひき肉はAをからめる。合わせ調味料は混ぜ合わせる。

2 フライパンにごま油を熱し、ひき肉を入れて中火で炒め、肉の色が変わったらにんじんを入れて炒める。油が回ったらピーマンを加えて炒め、しんなりしたら春雨を加えて炒め合わせる。

3 春雨の水分が飛んだら合わせ調味料を加えて調味し、火を止めて白すりごまを混ぜる。

〈組み合わせたい料理〉
「豚バラとにらのチヂミ」「いかのチゲ」

炒めるとたっぷり食べられる、わかめ。
しょうがのさわやかな辛みを利かせて。

わかめのしょうゆ炒め

わかめ

材料（2人分）

わかめ（塩蔵）…80g

しょうが（せん切り）…1かけ

A
- 酒…大さじ1
- しょうゆ…大さじ1/2
- こしょう…少々

サラダ油…大さじ1/2

作り方

1　わかめは塩を洗い流してもみ洗いし、水に1分ほどつけてもどし、水けを軽く絞って食べやすい長さに切る。

2　フライパンにサラダ油を熱し、しょうがを入れて弱火でさっと炒め、香りが出たら**1**を加え、中火で炒める。

3　全体に油が回ったらAを順に加え、炒め合わせる。

〈組み合わせたい料理〉
「鮭とキャベツのちゃんちゃん焼き」「ひき肉ともやしの春巻き」

ヘルシー素材同士の簡単煮もの。
どちらもさっと煮ればでき上がり。

わかめと豆腐のさっと煮

わかめ

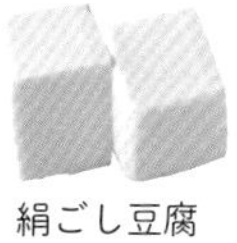
絹ごし豆腐

材料（2人分）
わかめ（塩蔵）…40g
絹ごし豆腐…1丁（300g）
煮汁
- だし…$\frac{2}{3}$カップ
- 酒…大さじ2
- みりん…大さじ1
- しょうゆ…大さじ$\frac{1}{2}$
- 塩…ひとつまみ

七味唐辛子（好みで）…少々

作り方

1　わかめは塩を洗い流してもみ洗いし、水に1分ほどつけてもどし、水けを軽く絞って食べやすい長さに切る。豆腐は6等分に切る。

2　鍋に煮汁の材料を入れて中火にかけ、煮立ったら豆腐を入れ、2分ほど煮る。豆腐が温まったらわかめを加え、ひと煮する。好みで七味唐辛子をふる。

〈組み合わせたい料理〉
「鶏肉のソース鍋照り焼き」「たらのベーコン巻きソテー」

石原洋子（いしはら・ひろこ）
料理研究家。幼い頃から母親と共に台所に立ち、「昼食は自分たちの手で」という食教育の自由学園に学ぶ。卒業後は家庭料理、フランス料理、中国料理など、各分野の第一人者に学び、アシスタントを務めたのちに独立。明るく飾らない人柄と確かな根拠に基づく指導に定評があり、自宅で開く料理教室は45年以上になる。著書は『本当は秘密にしたい　料理教室のベストレシピ』（朝日新聞出版）、『増補保存版　くり返し作りたい一生ものレシピ』（学研プラス）、『65歳からのふたりごはんの愉しみ』『黄金比がひと目でわかる定番おかず100　一生ものの味つけレシピ』（いずれも家の光協会）など多数。

撮影　広瀬貴子
スタイリング　池水陽子
調理アシスタント　荻田尚子、清水美紀
企画・文　飯村いずみ
ブックデザイン　林 修三（リムラムデザイン）
校正　安久都淳子
DTP制作　天龍社

石原洋子の副菜
定番も新しい味も。
あるもので作れる小さなごちそう

2023年2月20日　第1刷発行

著者　石原洋子
発行者　河地尚之
発行所　一般社団法人 家の光協会
〒162-8448
東京都新宿区市谷船河原町11
電話 03-3266-9029（販売）
03-3266-9028（編集）
振替 00150-1-4724
印刷・製本　図書印刷株式会社

ISBN978-4-259-56751-4 C0077